阿底峽尊者

西藏密教之父

高僧小說系列｜精選

辜琮瑜　著◆劉建志　繪

智慧與慈悲的分享

聖嚴法師

小說，是通過文學的筆觸，以說故事的方式，表現人性之美，所以稱為文藝作品。它可以是寫實的，也可以是虛構的，但它必定是與人心相應，才會獲得讀者的喜愛與共鳴。

高僧的傳記，是眞有其人、實有其事的眞實故事，也是通過文字的技巧，以敍述介紹的方式，將高僧的行誼，呈現在讀者的眼前，也是屬於文學類的作品，只是缺少小說那樣戲劇性的氣氛。

高僧的傳記，以現代人白話文體，加上小說的表現手法，那就顯得特別生動而富於趣味化了。我從小喜歡文學作品的原因，是佩服它有高度的說服力，並且能使讀者印象深刻，歷久不忘，並且認為高深的佛法，經過文學的表現，就能普及民間，深入民心，達成化世導俗的效果。我們發現諸多佛經的體裁，是用小品散文、長短篇小說，以及長短篇的詩偈寫成的。

近代已有人用白話文翻譯佛經，也有人以語體文重寫高僧傳記，但尚未有人以小說及童話的方式來重寫高僧傳記。故在《大藏經》中雖藏有極豐富的歷代高僧傳記資料，市面上卻很難見到。我們的法鼓文化事業股份有限公司，為了使得故典的原文很容易地被現代的讀者接受，尤其容易讓青少年們喜愛，而從高僧傳記之中，分享到他們的智慧及慈悲，所以經過兩年多的策畫運作，推出一套「高僧小說系列」的叢書，選出四十位高僧的傳記，邀請到當代老、中、青三代的兒童文學作家群，根據史傳資料，用他們的生花妙筆、豐富的感情、敏銳的想像，加上電影蒙太奇的剪接技巧，以現代小說的形式，生動活潑地呈現到讀者的面前。這使得歷史上的高僧群，都回到我們現代人的生活中來，陪伴著我們，給我們智慧，給我們安慰，給我們健康，給我們平安。

這套叢書的主要對象是青少年，但它是屬於一切人的，是超越於年齡層次的佛教讀物。

我要在此感謝參與這套叢書編寫出版的全體工作人員，包括編者、作者、畫家、審核者、校對者、發行者，由於他們的努力，才能有這項成果奉獻在廣大的讀者之前。也請諸方先進和所有的讀者，多給我們鼓勵和指教。

一九九五年四月八日晨
序於台北法鼓山農禪寺

推薦序

人生要通往哪裡？

蔡志忠

「只有死掉的魚，才隨波逐流！」

人生是件簡單的事，是我們自己把它弄得很複雜的。
魚從來都不思考：
「水是什麼？
水為何要流？
水為何不流？」
這些無謂的問題。
魚只有一個最簡單的問題：

「我要不要游？
如何游？
游到哪裡？
游到那裡做什麼？」
人常自陷於無明的憂鬱深淵，無法跳脫出來。
人也常走進一條沒有出口的道路，
才發現原來這根本不是自己的人生之道。
兩千五百年前，佛陀原本也自陷於
人生的痛苦深淵……，經過六年的
修行思考，佛陀終於覺悟出：
「什麼是苦？
苦形成的次第過程？
如何消滅苦？
通往無苦的解脫自在之道。」

這也就是苦生、苦滅，一切因緣生的「三法印」、「緣起法」、「四聖諦」、「八正道」，所有攸關於人產生煩惱痛苦的原因和達到解脫、自在、清淨境界、彼岸之道的修行方法。

佛陀在世時，傳法四十五年，佛滅度後，佛陀的思想由他的弟子們傳承到後世，成爲今天的佛教。在佛教的發展過程中，留下了許多動人的高僧故事。

除了《景德傳燈錄》記載著所有禪宗各支歷代高僧學佛得道的故事之外，《大藏經》五十卷的〈高僧傳〉、〈續高僧傳〉裡也記載很多歷代大師傳記典故；此外，還有印度、西藏、日本等地大師的故事。通過閱讀過去大德諸賢的故事，可以讓我們對人生的迷惘問題得到啓發。

胡適說：

「宗教要傳播得遠，

佛理要說得明白清楚，

都不能不靠白話來推廣。」

這套高僧小說也繼承這使命，以小說的方式講述高僧的故事。讓讀者能透過這些歷代高僧的故事，得以啓發人生大道。相信做爲一個中華民族的後代，身在儒、釋、道思想的傳統文化背景下，如能透過高僧小說多了解佛教思想，對自己未來人生之路的導引和思考，必定能獲得很大的益助。

最初始的感動

低沉雄渾的梵唄聲迴盪在莊嚴的佛堂裡，每一個踏進佛堂的信眾，視線都馬上被正在製作曼陀羅的西藏喇嘛所吸引，那一個個靦腆的笑容，因著人群不斷地圍攏而顯得更加羞赧。

由於烈日過度地曝曬、高原冷風不斷地吹襲，他們應該年輕的肌膚，卻有種屬於大自然的粗糙與黝黑，與身上暗紅、金黃相間的僧服相映，一時之間，彷彿時空錯置，會以爲自己也置身在西藏高原，而不是滾滾紅塵的城市一角。外面的車聲、人聲在踏進佛堂的那一刻，彷彿就被定格而靜止在外了。

剛從尼泊爾剃度回來的喇嘛，正在人群中解說沙壇城的意義，我的視線卻一直無法從那一雙雙黝黑的手移開，他們現在正拈起一把彩色的細沙，大而厚實的手掌，居然能在一個小小的圖像中安放那繁華富麗的彩沙。

忽然一雙白皙的手在我眼前晃動。

「解說員喇嘛，您忙完了？」看著已經剃度，露出莊嚴法相的法師，我心裡仍然十分納悶，究竟是什麼力量，讓一個在紅塵中掌握一片天的高階主管放掉一切，在一場尼泊爾之旅後，留在當地落髮爲尼？

「來！我先帶你認識一下環境，待會兒我們從尼泊爾來的格西，將會爲我們講解《菩提道次第廣論》的精神。」

「講藏文？那我可聽不懂，下回再說吧！」

「有翻譯，而且今天格西要講一個很感人的故事。」

正式講演時，原先觀賞沙壇城的人群逐漸散去，進來的是另一批人，他們看起來都是專門來聽格西講故事的。陸續進來的人，很快就盤起雙腿，席地而坐，整個佛堂安安靜靜的，既沒有人東張西望，也沒有嘰嘰喳喳的麻雀。

在格西開講前，只有悠遠沉靜的〈六字大明咒〉，仍低低地在佛堂裊繞迴盪。看大家隨著旋律輕輕擺動，不知不覺，我居然睏覺了。

朦朦朧朧中，似乎睡去了的我，突然聽到一片讚歎聲，眼睛張開之後，隔壁坐著的女士，認眞地問我：「你知道阿底峽的故事嗎？」

「呃，那是一個人？還是一種東西？還是一種地形地物？像大峽谷那樣的？」我心底馬上泛起一堆疑問，不過基於禮貌，我笑著搖了搖頭。

「格西說了一個西藏王爲迎請阿底峽入藏弘法，而犧牲性命的故事。」

「故事說完了？」

是的，在那場演講中故事很快略了過去，鄰座的女士卻彷彿在我心裡激起一陣漣漪，她三言兩語講完一個迎請入藏的故事，我卻好膽接下阿底峽尊者的小說撰寫工作，現在想來，過程裡的膽戰心驚，似乎讓初始被感動的心情顯得有些遙遠。

不過，把阿底峽從印度請至西藏的，是西藏人對佛法的期待；而把阿底峽從神祕的西藏請來這裡，把阿底峽從神聖的尊者描繪成人性的出家人，希望呈現的，還是「有爲者亦若是」的精神吧！

眞正走近佛法以後，它指引了我生命的方向，讓我能發願安住在一個學習正法、弘揚正法、護持正法的位置上，心不再飄搖、流浪。而阿底峽的故事，是其中一項給自己的功課吧！雖然過程磕磕絆絆，可總是完成了功課！

在這個過程中，要感謝的人太多，如果沒有果光法師給我機會，並且在這漫長的一年半裡，不斷忍受我的無賴，及我經常不準時的交稿期限，恐怕這本書永遠都出不了爐；而如果不是工作上的直屬主管、《人生》雜誌主編果毅法師的成全，我也無法在工作之外，見縫插針找出時間完成它。

親愛的工作夥伴們，個個都發揮聖嚴師父所說的菩薩精神，讓我受益良多；辛苦的怡君從未婚到結婚到懷孕，寶寶的預產期就如這本書出爐時間差不多。

總之，就如果毅法師所說的，我只有時時用慚愧、懺悔、感恩的心謝謝所有支持我的人，公公、婆婆、同修、女兒，感謝你們的容忍與成就。

並以此書獻給往生的父母親，女兒學佛雖遲，但願你們都能得到佛法利益。

佛學視窗

01

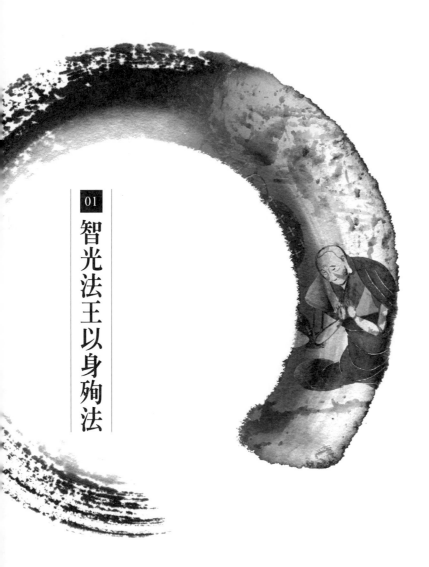

智光法王以身殉法

相傳在中國的西北，有一個叫香格里拉的地方。人們相信，每年降大雪的時候，香格里拉會在地平線的那一端消失，直到春天來臨，高原盛開的豔麗繁花才會指引人們，找到那個被冰封了整個冬季的神祕國度。

而喜瑪拉雅山就像一條蜿蜒在香格里拉的龍，把這個人稱「西藏」的地方，嚴嚴密密地圍攏起來。綿亙的山巒頂上，終年覆蓋著白雪，就像許許多多神祕的傳奇，籠罩在這片雪鄉上空，讓人好奇地想掀開那神祕而朦朧的面紗。而澄澈的藍天、亮晃晃的陽光、銀白色的積雪，更將群山之間閃動金光的寺宇宮殿襯托得十分莊嚴。

其中有一個富庶豐饒的地方，人們稱它爲「香雄」，它擁有雪鄉裡頭難得的肥沃土地，神祕的佛教王國古格王朝就建立在那裡。

一天清晨，陽光炙烈地照著頂空，熱鬧的市集群聚著許多攤販，賣毛毯的、賣雜貨的販子，和買主此起彼落的還價聲四處沸騰，喧鬧而雜沓的人群圍著一堆堆的貨物，正開始他們一天的交易。

突然從城外揚起一片飛塵，引起市集裡一陣騷動。隨即有人大聲吆喝著：「快點讓開！快點讓開！騎兵隊回來了！」

只見爲首的騎士率著一隊騎兵衝了進來，驚慌失措的人群趕忙讓出一條路，市集被這群騎兵一擾亂，大家面面相覷，紛紛猜疑發生了什麼大事？

正一邊喝著奶酪，一邊和同伴閒磕牙的喜賽，認出了爲首的騎士是當今國王的小兒子菩提光。他趕緊糾集身邊的夥伴，追著隊伍跟到皇宮大門，群聚的人群也尾隨於後，大家擠在宮門外想探聽發生了什麼事。

不一會兒，經常進出皇宮替宮裡頭辦貨的老喜賽，頽然地走出皇宮，小喜賽趕緊拉住他爹：「老爹，到底出了啥事？怎麼菩提光匆匆忙忙奔了回來？他們不是跟著智光法王到邊境蒐羅黃金去了？」

「還說呢！就是黃金惹的禍，咱們智光法王被迦羅王抓起來了，大家正在想辦法哩！」

聚集在宮門外的人，你一言、我一語地討論了起來，把宮門外圍擠得水洩不通。

而此刻，皇宮裡頭也沒閒著，智光法王的弟弟、當今國王拉德正和大臣們商量營救法王的辦法。

「智光法王爲了弘揚佛法，不但捨棄王位出家，最近還爲了邪道擾亂正法的事發大悲心，特地到邊境籌措黃金，準備到印度去迎請佛教聖哲阿底峽尊者。不料到了邊境，就被埋伏的異教徒迦羅王俘虜了，我們兵力不夠，打不過迦羅國的大隊軍馬。菩提光對不起大家，請國王懲處。」

群臣聽了菩提光的話，現場馬上引起一片騷動。

「不如徵兵吧！我們可以調集更多的武力跟他們對打，先把法王救出來再說！」主戰派喧鬧著要以暴制暴，希望發動更大規模的軍事行動。

但是，已經跟迦羅國對陣過的菩提光卻拿不定主意。因爲古格王朝從智光法王主政以來，都是以慈悲心治理國家，如今若爲了營救法王而大事徵兵，這種擾民的行爲，絕對不是智光法王樂意見到的，才出家兩年的菩提光沉默不語。

大臣們開始議論紛紛。

「我不贊成徵兵，」主和派的臣子急忙提出他們的想法：「法王慈悲爲

懷，一定不希望為了他大動干戈。何況一旦打了起來，必定國力大傷，到時候國家想要復原都是問題，哪裡還有多餘的力氣去印度請聖？不如向迦羅王求和，談出個解決辦法。」

菩提光思前想後，最後還是決定先找迦羅王談判。

宮門外的人群聽說要去求和，才暫時止住紛亂的現場。

沒想到談判結果卻更糟糕，回到王朝的菩提光沮喪地告訴大家，迦羅王開出更嚴苛的條件：「迦羅王要我們廢止佛教，改信他們的國教，否則就要拿黃金去贖法王，而且黃金的重量要跟法王一樣重！」

大夥兒聽了迦羅王的條件雖然忿忿不平，但一時也沒有更好的辦法，只好分批出發，想在境內蒐集更多黃金，期望早日迎回法王。

＊　＊　＊

「來來來！再拿過來秤！」運送黃金的士兵，正一箱箱把黃金端上秤台，迦羅王則緊緊用貪婪的眼神盯著亮澄澄的黃金不放。

「嗯！聽說你們古格王朝多麼豐衣足食，看來也不過如此，居然還差這麼多！」

經過數日的奔走，蒐集來的黃金卻只夠贖回法王的身體，還差一個頭的重量。但是，存心刁難的迦羅王一點也不肯讓步，堅持要他們籌足夠量的黃金。無奈的菩提光，只好要求先見智光法王一面。

年邁的智光雖然拖著衰微的身軀，雙眼卻閃動著悲憫而堅毅的光彩，他向菩提光提出最後的要求。

「菩提光啊！我已經這麼老了，還拿什麼黃金來贖我呢？當初因爲找到一紙先王傳下來的遺書，使我捨棄王位出家，爲的就是要延續佛法慧命。如今有機會捨身爲法，你們應該成全我才是。

「何況迦羅國是信仰外道❶的國家，怎麼可以把請聖的黃金交給他們！爲了我的心願，更爲了西藏佛法的延續，你應該趕緊帶著黃金到印度迎請阿底峽尊者，我們的子民才會有希望得到正法的利益。」

哀傷的菩提光不知如何回答法王的要求，只有頻頻拭淚。

「還有啊！記得代我向尊者傳達我的心意，希望他慈悲加持❷，讓我來生能遇到尊者，得以親受他的教誨。」智光法王虔誠地說。

不捨得離棄法王的菩提光，這時候也只好蹣跚頹喪地把黃金運載回國。原本心裡仍抱著一線希望，打算再想辦法補足不夠的黃金，卻傳來法王遭處死的消息。悲憤的菩提光只有遵從法王的遺訓，在王朝境內公告，希望再次組一個求法隊，遠赴印度迎請阿底峽尊者。

✽ ✽ ✽

「喂！喜賽，你的好兄弟要找人去印度請聖哩！你們交情那麼好，你敢情要去幫忙？不過，我賭你不敢去！」

正在市集東晃西蕩的喜賽，被街上的鄰居喚住，還被奚落了一頓。正在擔心菩提光的他，心下一動，不禁暗暗尋思：「說的也是，我何不趁此機會去一趟印度，一來可以了卻法王的心願，二來待在西藏也無聊得緊！」

念頭一轉，他就急忙往宮殿飛奔而去。

一見到菩提光，喜賽就表明自己也想去印度請聖：「法師，雖然我不像您發大願心出家，可是多年來看您出家度眾的決心，讓我深受感動。這次我想跟求法隊一起去印度請聖，請法師成全。」

「路途那麼遙遠，又聽說印度的天氣潮濕、悶熱，跟我們高原大不相同，我怕你受不了苦呢！」

「請您相信喜賽的決心，法王都可以殉法，吃一點苦喜賽耐得住！」

菩提光知道他這位小玩伴已經長大了，又機靈得很，說不定還眞的能幫上忙，於是就答應了喜賽的要求。

兩人商量起求法隊的陣容，聊著聊著，喜賽忍不住問道：「法師，對於您和法王捨棄王位出家的故事，我只是耳聞，總也不好多問，不知道您方不方便講給我聽聽？」

想到這裡，菩提光不禁深深嘆了一口氣。

「其實，我是被伯父智光法王感動而出家的。」他沉靜地向喜賽說起那段遙遠的故事，「這得從法王第一次告訴我出家因緣的那一夜說起！」

那夜月光朗朗地照耀在宮殿上，高原寒冷的風肅颯地吹著，半夜醒來的菩提光，發現智光法王夜不成眠，就跟出來隨侍在旁，於是法王娓娓向他說起祖先滅佛的故事。

「聽了之後，我就跟著出家，希望也能爲弘傳佛法盡份心力。」

原來智光法王是一位禮敬三寶，充滿悲心願力的佛教大護法，可是他卻有一位曾經大肆滅佛的祖先——朗達瑪王。就因爲他的祖先曾經殘酷地毀滅佛法，所以具有善根的智光法王，在不經意得到先祖交代滅佛典故的遺書之後，就本著替祖先贖罪的心理，把身命全心投入，以復興佛法自許。

智光法王告訴他，朗達瑪是護持佛法的國王赤祖德贊的哥哥，赤祖德贊當時爲了在全國推行佛法，曾經規定每七戶百姓要供養一名出家人。而且爲了和流傳在西藏的原始宗教——苯教❸抗衡，特別訂了嚴格的法律，保護所有的出家人。

但是這些措施卻激怒了苯教的教徒，尤其是當時權傾一朝的貴族與王公大臣，他們結合了苯教的信仰，經常剝削百姓的生活，用巫術、咒語控制王朝，對推行佛法的國王赤祖德贊非常不滿。

自從國王規定百姓要共同供養出家人，並且制定嚴格的律法，獨尊出家人的地位之後，這些王公大臣們的權勢和利益便一落千丈。爲了奪回自己的地位，擁護苯教的貴族們就集合起來祕密協商，他們先暗殺了國王赤祖德贊，再擁立國王的兄弟——苯教的狂熱分子朗達瑪爲王。

朗達瑪奪得政權以後，立刻對佛教施行了嚴苛的殘害，不但拆毀佛寺、焚燒經典，還驅逐、殺害了無數的出家人，甚至逼迫還俗的出家人上山打獵，讓他們痛不欲生，因而使得西藏的佛法弘傳陷入黑暗時期。

「但是因果報應不爽，殘暴的朗達瑪最後也遭人刺殺而死，整個國家又遭遇大饑荒，百姓生活更陷入嚴重的困厄當中。」菩提光講到這裡，想起智光法王悲傷、孤寂的雙眸在夜裡晶亮地閃爍著，那一幕，是菩提光難以磨滅的記憶。

後來朗達瑪的族人只好四處逃難，孫子貝考贊也被起義的軍隊給殺了。貝考贊的兒子尼瑪袞只好帶著親信和騎兵逃到阿里，並且和當地的貴族聯姻。

「幾年之後，尼瑪袞去世，三個兒子就瓜分了國土，其中有一位就是我們的祖先。他帶著部隊來到香雄地區，建立了古格王朝。」智光法王道出這一段坎坷的故事，菩提光才體會到法王深切的悲痛。

轉述了法王告訴自己的話，菩提光問喜賽：「你知道法王爲什麼堅持非要到印度把阿底峽尊者請來嗎？」

看著菩提光憂傷的眼神，喜賽想起最近才在街頭看到的爭鬧事件，兩群僧人在街頭相遇，彼此互相嘲弄、爭執。

「你們這些人只知道誦經，根本不配當僧人，連密咒都不懂得持誦，怎麼可能成就佛法！」

「你們才是邪魔外道呢！會持咒就了不起了嗎？不守戒律、胡亂解經，佛法會毀在你們手裡！」

街上的行人尷尬地進退不得，也不知道該不該上前勸解，只好看著他們互相謾罵、蔑視。想起這一幕，喜賽也感到納悶：「法師，爲什麼現在的僧人會

壁壘分明，顯密衝突得那麼嚴重呢？」

「因爲佛法被滅，苯教徒胡亂解經、造經，破壞了經典的正確性，又把一些苯教信仰硬塞進佛法當中，弄得一般人對佛法產生誤解；更可怕的是，僧眾們根本不知道學佛的次第，大家各說各話，各自傳承他們道聽塗說來的佛法，所以法王才發願要把阿底峽尊者請來『正本清源』呢！」

說到這裡，菩提光沉重地拍了拍喜賽的肩頭：「你知道這一趟迎請的任務有多麼重要嗎？智光法王已經殉法了，我們要挑起這個重擔啊！所以，這次去印度迎請阿底峽尊者就要靠你、戒勝譯師❹和其他譯師們的努力了。我在西藏等你們的好消息！」

求法隊就在國王拉德及菩提光的殷殷期盼下，朝著阿底峽尊者的所在地——印度，出發了。

❖註釋❖

❶外道：指佛教以外的其他宗教。

❷加持：有祝福、祈禱的意思。

❸苯教：西藏人的原始信仰，相信萬物皆有靈性。

❹譯師：又做翻譯家、譯經家，即佛典的翻譯者。

02

迎請尊者波折重重

其實這次的迎請，已經是第二度了。

最初法王曾經找過譯師精進師子，交託給他一錠重達十六兩的黃金，要他無論如何一定要到印度把尊者迎請回西藏弘法。

但是尊者見了精進師子之後，卻告訴這位跋涉千里而來的譯師：「你帶著黃金來供養我，希望我能到西藏弘法，雖然令我很感動，但是黃金對我沒有太大意義，而且我也無心到西藏弘法。所以，你還是把黃金帶回去吧！」

精進師子再三地懇求尊者，尊者還是沒有答應。迎請不成的精進師子，只好留在印度學法，希望等到因緣成熟時，可以完成迎請的任務。

而這第二次的迎請行動，一直到西元一〇四〇年（宋仁宗康定元年），才有了轉機。

精進師子第一次來迎請阿底峽尊者時，尊者早已是印度超戒寺的主講，每逢他講經說法，就湧進密密麻麻的人潮。當時超戒寺周圍五十三座小佛堂、五十四座佛殿連超戒寺共一百零八副寺院的鑰匙，都是由被稱爲「頂莊嚴」的阿底峽尊者所掌理。

所以，在西藏人第一次迎請時，阿底峽尊者認爲自己對印度、對超戒寺責任重大，不便前往西藏弘法。但是到了喜賽及戒勝譯師一行人前來，轉述了智光法王爲法犧牲的事件之後，他終於受到感動了，並愼重考慮入藏的事。

然而這次的迎請卻波折重重，一方面是阿底峽尊者在印度是國寶級的長老，印度人非常珍惜他。尤其當時一位名叫羅那阿迦羅的上座❶，在印度的勢力很龐大，如果沒有事先得到他的許可，而想把尊者迎請到藏地，一定會遭到他的百般阻撓。

所以負責這次迎請任務的戒勝譯師，一來到印度，就先去拜訪先前藏王派來迎請尊者的精進師子。

「你們知道我上次迎請最失策的地方在哪裡嗎？」剛到印度的求法隊面面相覷，等著精進師子面授機宜。

「我當時太天眞，一來就到處告訴別人，我們想請阿底峽尊者去弘法，卻不曾打聽清楚，不知道在印度人的心目中，尊者是多麼尊貴的國寶級人物；等我好不容易見到尊者之後，他已經遭遇很大的壓力了！」所以精進師子告訴他

們，見尊者時，要表明是爲了求學，不能四處宣揚來印度的眞正目的，以免遭到不必要的阻力。

「當然，最重要的是先去向羅那阿迦羅上座請法，並懇請他成全我們迎請尊者的願心。」

於是譯師們就先到上座那裡請益，並表白希望迎請尊者的想法。上座知道了他們的目的之後，先是沉吟不語，但當他看到一張張渴求佛法的臉，無奈地安慰他們：「我知道你們眞的非常誠懇，而且我也不是不同情藏人的遭遇，只是不讓尊者去西藏，自有我的苦衷。」

上座告訴譯師們，印度人非常依賴尊者，即使有那麼多優秀的善巧之士，也都不足以調伏大眾的煩惱。更何況印度是佛教的發源地，如果佛法不能在這塊土地上生根茁壯，不但印度人無法安樂地修行佛法，在印度的佛教更可能被許多外道攻占，而逐漸在印度沒落。

他還跟求法隊解釋道：「就因爲這個緣故，尊者才會掌管那麼多道場的鑰匙，無論如何，我們印度也同樣需要尊者住持弘法呀！

「我對西藏人的遭遇深感難過，尤其知道了藏王爲迎請尊者而殉法，更是感到遺憾。不過，只要你們有誠心想修學佛法，就留在這裡精進修持吧！我會支持你們修學所有的法門。再說，你們如果能替印度人著想，那功德也是很殊勝的！」

第二天早晨，上座特地帶著求法隊到僧團用齋的地方，把他們妥善地安排在大眾當中。

從沒有見過尊者的戒勝譯師，一心期盼著尊者能出現。

他心裡想著：大家這麼景仰尊者，他一定是僧團的首座了。所以當首座進入，他就悄悄問旁邊的人，這位就是尊者吧？旁邊的人只是輕聲回答譯師：「這是尊者的教師之一，明了杜鵑。」

接著又走進好多位年高德劭的長者，沉不住氣的譯師則一直追問：「哪位是尊者？」

「他們都是我們這裡的善巧法師。」

問不到尊者的戒勝譯師，眼看著眾多僧人都不是他歆慕的尊者，心裡眞是

又急又亂。

「你看，那位坐在主位上的，是我們寺主比札摩羅王。」

當求法隊發現端坐在主位上的是寺主時，才發現從一開始有僧人進來，寺主都沒有起來迎接。狐疑的戒勝譯師就一直盯著寺主的反應，想從他的態度揣測哪一位才是尊者。

幾乎所有的僧眾都已經集合完畢，並且安坐定位了。譯師突然聞到一股淡雅的清香，接著走進一排年輕的比丘，他們恭謹地持著香，莊嚴地魚貫而入。就在這個時候，所有的僧人都站了起來，連寺主也起身，譯師才發現，在年輕比丘們身後，走進一位相貌莊嚴的長老比丘。

那位長老臉上微微帶著笑容，大大小小的鑰匙就掛在他的腰間；譯師感覺，長老法相的雍容莊嚴，是沒有國界的。印度人看他，感覺他是印度人；西藏人看他，卻也覺得他像是西藏人。

戒勝譯師還偷偷跟喜賽耳語：「如果場上有諸天的天人在聽法，一定也會認爲他像天人一樣威德俱足。」

大家都覺得這位長老好自在、好從容，他身上彷彿有一種安定人心的力量。

「譯師，這是不是就是修行人的攝受力啊？連我都感受到現場多了股莊嚴、沉靜的氣氛呢！」喜賽興奮地伸長脖子，想把這位長老看得更仔細些。

當他緩緩走近，親切地在大眾中走動時，僧眾們都趕緊挪出位置讓他靠近。

看了這個隆重的迎接禮，譯師不禁又在心裡揣測起來：大家對他這麼恭敬，甚至還起立迎接，想必身分很重要；但是他的座位卻又不是高踞在上座，難道是王子？還是哪一位大德？又或者，他根本就是阿底峽尊者？於是譯師興奮地問旁人：「這位大德就是阿底峽尊者嗎？」

「喔！他是笑勇金剛。」

「呃，那他的功德如何呢？」

「他的功德是我們無法量測的。」

聽到這麼模糊的回答，戒勝譯師心裡雖然懷疑，卻也不好意思多問。

不過爲了解除內心的疑惑，用過齋的戒勝譯師與喜賽就一直跟在「笑勇金剛」後面，想找機會接近他。

當長老一走到寺門口，門外或坐或躺的乞丐們紛紛站了起來，他們眼神專注地盯著寺門口，等待食物布施。譯師發現原來乞丐們等著的人，就是那位莊嚴法相的「笑勇金剛」時，忍不住又問：「你們等的這位，就是阿底峽尊者嗎？」

乞丐們聽到譯師的問話，互相看了看，卻不願意回答他的問題。後來一位年紀較大的乞丐，斜眼看了看譯師，才緩緩地告訴他：「尊者不在這裡，在別的地方。」

其實連乞丐們都有這種默契，不願意告訴他事實，就是擔心阿底峽尊者會被請離印度。

幾天下來，感受到大家對尊者的護惜、擁戴，戒勝譯師心中慨嘆不已。無法親見尊者的他，一直惴惴不安。

直到有一天，「笑勇金剛」在布施時，一位晚到的貧童沒有得到食物，便追著逐漸走遠的「笑勇金剛」，在後面喊著：「阿底峽尊者！阿底峽尊者！」

聽到這兩句疾呼，譯師感覺簡直是如雷貫耳，因爲一直到這個時候，他才肯定了自己的猜測。想到多日來不斷詢問不得要領的委屈，想到終於見到仰慕的尊者，更想到終於有機會不負藏人的託付、不負智光法王的願心，他百感交集，忍不住就在尊者面前痛哭了起來。

尊者停下來安慰他：「我知道你是眞心誠意而來，請你不要再哭泣了！我也知道你們藏地從國王到百姓對我的期待，可是一來我已經年老力衰了，二來又身掌這麼多寺院的鑰匙，要我離開印度實在很爲難。不過，如果你到現在還不肯放棄，那麼就祈禱三寶加持吧！」

第二天求法隊就把尊者請到戒勝譯師房裡，不但原原本本地把藏王殉法的事告訴了尊者，同時也一再哀求尊者憐憫藏地無正法可傳的悲慘狀況。

尊者沉吟很久，沒說一句話，只是請他們把帶來的黃金收起來，並請他們不要再提迎請他赴西藏弘法的事，同時勉勵他們好好學習翻譯方面的能力。

不過，當晚尊者就供養度母❷，並在佛前拈香、祈請：「去西藏能不能滿

藏王的願？此行對西藏人是不是眞的有大利益？自己年齡也大了，身體還吃得消嗎？」

當夜，尊者就在夢中得到度母的回覆，知道能滿藏王的願，對藏地佛法、藏人有大利益，但是會減壽二十年。

得到度母的回覆，尊者即在佛前發願，表明自己入藏的心跡：「西藏現今邪道歪曲佛法，使藏人無法可得，我必須前往西藏弘法；但是，我將無法留在超戒寺護持印度佛教，阿底峽自覺罪孽難贖，願意減壽二十年，但願佛法常住。」

爲了讓西藏人得到正信的佛法，阿底峽尊者寧可減壽二十年，他的悲心願力，就如同當年決定出家弘法，考量的是眾生的需要，而不是自己。問的是哪裡需要佛法，而不是去哪裡對自己比較有利。

自從決心遠赴西藏弘法之後，尊者就開始布署離開印度的辦法。

一方面爲了不讓上座羅那阿伽羅等人知道而加以阻止，另一方面也想向眾多的師長請示，於是阿底峽尊者採用巡禮勝蹟、居無定所的方式，到處遊走，

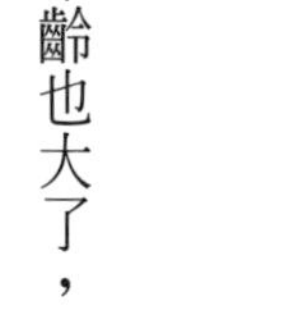

準備到了邊境，再向上座辭行。

❖ 註釋 ❖

❶上座：又稱長者、首座。指法臘高而居上位的出家人，或指年長而有德的人。

❷度母：全名是聖救度佛母，是藏傳佛教極為崇信的菩薩。在中國佛教古稱多羅菩薩、多羅觀音，共有二十一尊，皆為觀世音菩薩的化身。

03

捨壽赴藏弘揚正法

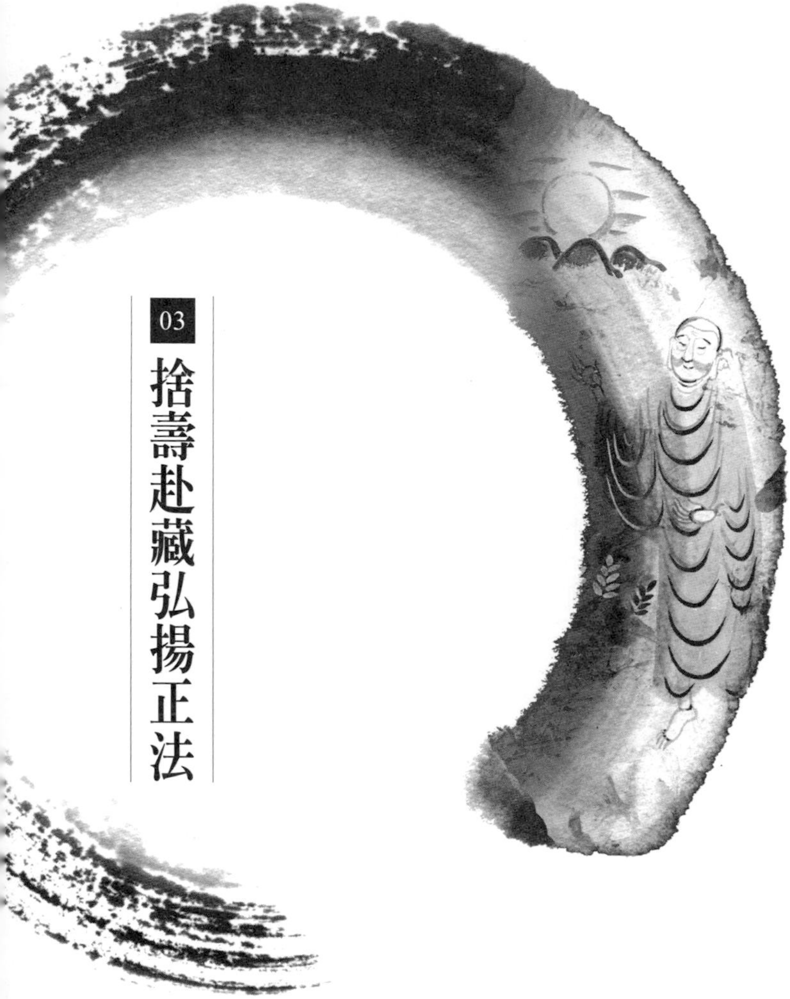

為了順利遠赴西藏弘法，阿底峽尊者開始把一些寺院裡的工作交代下去。然而在準備行囊時，遭遇到一個大問題：如果裝備過多，很容易被上座察覺；但是如果沒有把經像駝運出去，也無法順利在西藏展開弘法行動。

所幸在一個夜裡，來了一對父子，他們逐著三十一頭犛牛，正好把所有的經像都駝運上去。並且趁著黑闃的天色，連夜就驅趕著牛群先行離去，解決了尊者的困境。

譯師們對這對突然出現的父子，感到十分神奇。

「我相信是誠心感動了天地，也是我們太渴求佛法了，所以不斷有奇蹟出現，感謝祖先保佑，讓我們得到神助。」他們雖遠在印度，每日定課時，仍遙遙向著西藏方向，懇求祖先加被保佑。

第二天，尊者就到上座那裡辭行：「我想帶著這幾位遠從西藏來的比丘們四處去朝聖，並且前去供養各地的大德菩薩、上座長老。」

已經觀察這群西藏僧人許久的上座，早就開始懷疑尊者已經被說動了。他雖然擔心尊者會離開印度到西藏弘法，但是就像他告訴其他長者的話：「如

果這是阿底峽尊者與藏人的因緣，也是印度佛法的際遇，我們也留不住他。」

不過，羅那阿迦羅上座還抱持一絲希望，於是他機巧地答應尊者說：「能這樣做眞好，我也很久沒有去各地朝聖了，這次因緣具足，正好可以跟你們一道走。」於是上座不但加入了朝聖團，還聚集了一些僧人隨行。

由於到處朝聖、供養，加上印度濕熱的天氣，已經讓跋涉遙遠路程的僧人逐漸散去了，只有年邁的上座仍堅持跟著他們。無奈的阿底峽尊者只好告訴隨行的眾人：「在印度邊界的支那帝黎，有一位大臣想要啓建一座寺院，特別邀請我爲他們的地基加持，前幾年我一直沒有空去，現在倒是個機會。我準備到那裡去看看，你們就回去了吧！」

大部分的人聽了尊者的話就逐漸離開，剩下連上座在內的六十幾人，仍打算陪他們再走一段。經過長久的路途，他們一行人終於來到支那帝黎的寺院。

「長老，我下一個朝聖的目的地是密多羅寺，但是路途非常遙遠，您還要不辭勞苦地跟著我去嗎？」阿底峽尊者不得已，只有告訴上座。

上座知道尊者已經不可能改變心意了，而且送行的心意也達到了，無論如何不捨，還是要放下一切，於是他告訴求法隊：

「站在印度人的立場，你們這麼做是來偷盜我們印度的大德啊！雖然上回你們沒請走尊者，但是我知道你們根本就沒有放棄，或許這是尊者到西藏弘法的因緣成熟了吧！

「事到如今，如果我還堅持不讓尊者去，就是在破壞尊者利他的行爲，而且你們也會因此起煩惱。何況你們都是虔誠的佛弟子，也是爲了西藏佛法的延續，千里迢迢來這裡迎請尊者，我的確不應該爲了私心，讓你們失望而返的。

「再者，藏王爲法忘軀的行徑令人悲憫，如果我繼續堅持下去，似乎也太過分了。不如這樣吧！尊者就借給你們三年，三年期滿以後，你們就要把尊者送回來。」

戒勝譯師剛聽到上座答應讓尊者去西藏，還來不及高興，就聽到爲期三年的話，心一下子又掉了下來。他暗暗揣度著：印度跟西藏距離那麼遙遠，光是往返，恐怕也都要耗掉三年的時間。就算用足三年把尊者留在西藏弘法，也很難對西藏的佛法弘傳產生太大的作用吧？

煩惱的譯師苦思良久，最後，是聰明的喜賽想到一個辦法。

第二天，戒勝譯師就去請示上座長老，說他過去學習佛法時，師父們曾經提到過，不管碰到任何問題，都應當祈請佛菩薩的意見。所以，當尊者在西藏弘法滿三年期限以後，是不是應該請示佛菩薩？如果經過祈請，佛菩薩認為三年期滿就應該把尊者送回印度，他們就送尊者回來；反之，應該讓尊者繼續留在西藏，也就請尊者多留幾年；萬一祈請沒有回應，他們也願意把尊者送回來。

上座長老聽了譯師的話，也不得不勉強同意。不過，他還是重申阿底峽尊者對印度佛法的意義：「如果尊者離開印度，那眾多的僧人和寺院對印度來說，也是空洞無用的。我希望你們能夠多體諒印度的有情眾生，不要忘了我們對佛法的期待。」

至於譯師遠從西藏帶來的黃金，阿底峽尊者指示他們分成四份：一份用來供養那些高僧大德，一份供養金剛座❶，一份供養以上座長老為首的大德僧人，最後一份交給國王，請他用來供養所有印度的僧眾。

交代好所有的事情以後，阿底峽尊者就與精進師子、戒勝譯師等前來迎請的譯師們啓程，開始艱辛而曲折的西藏弘法之行。

在轉返西藏途中，喜賽忍不住問起戒勝譯師，是什麼原因讓尊者決心入藏的？

「喔！譯師，我不要聽什麼因緣成熟的理由，我想知道眞正的關鍵！」喜賽打斷了譯師的描述。

在一旁聆聽他們討論的尊者，微笑地摸摸喜賽的頭：「喜賽是個聰明的孩子，想知道我離開印度眞正的原因，得從一個很長的故事說起。故事的主角是個快樂的王子，可是他從小就對繁華的享樂厭倦，一心只想出離……。」

在駱駝隊的後面，是喜賽隨侍著尊者緩步前行的身影，一老一少在夕陽的餘暉中拉出長長的影子，尊者指著遙遙天邊的光影說道：「聽說那個快樂王子出生的那一刻，天際也有霞光萬丈呢！」

一行人漸行漸遠，即將離開尊者生長的故鄉，而尊者講給喜賽的故事，可才開端哩！

❖註釋❖

❶金剛座：指佛陀成道時所坐之座，位於中印度摩揭陀國伽耶城南的菩提樹下，以其猶如金剛一般堅固不壞，故稱金剛座。

04

在五色霞光中誕生

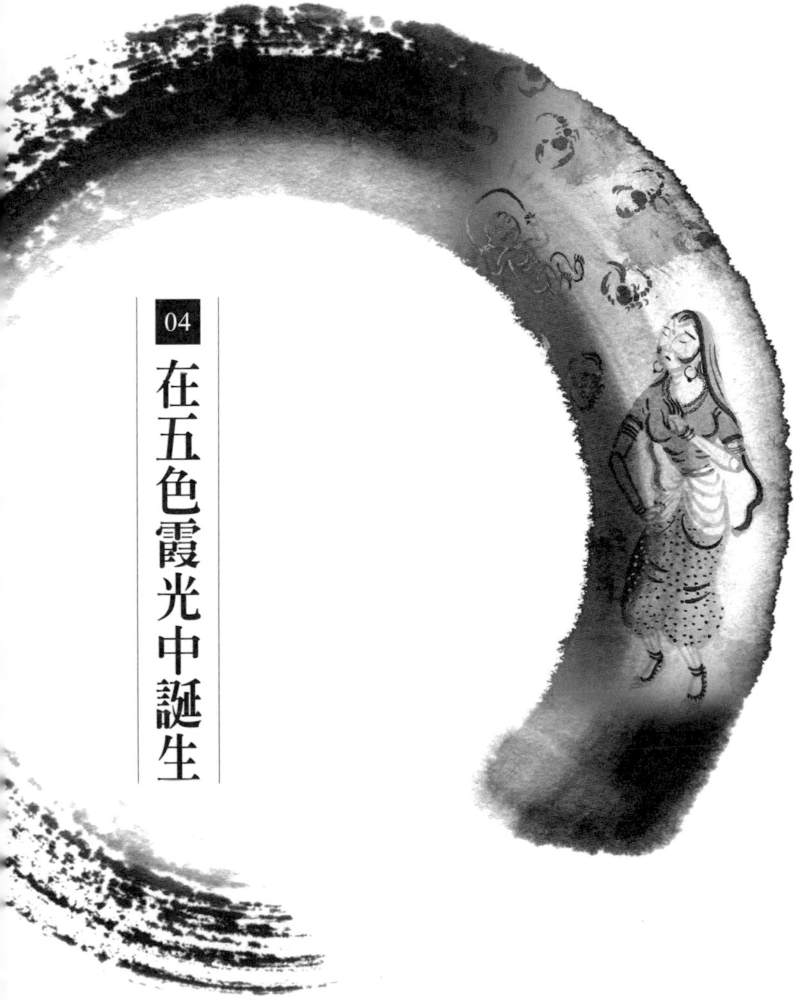

返回西藏的途中，就如同來時一樣的辛苦，只是這次因爲請到了阿底峽尊者，所以大家精神還算昂揚。喜賽爲了給大家解悶，一路上還不停地哼唱著西藏的歌謠，逗得尊者十分開心。

不過在崇山峻嶺中攀爬，對尊者來說，著實相當辛苦。但是最大的困擾，還是天氣的變化。來自燠熱印度的尊者，和來自高原肅颯冷風的求法隊，常常因爲對天候的不同反應，而在穿著上出現強烈的對比。

「尊者，太陽好熾烈，您要不要解下外衣，比較涼快舒服？」

喜賽自從沿途鬧著尊者講故事給大夥兒聽，就和尊者特別親近，所以也會體貼留意尊者的狀況。

「來！你瞧天邊的雲朵，那樣的厚度和形狀，表示再過一個時辰，就要變天了。不如你們把衣裳穿起來，免得遭了風寒。」

「哇！光看雲朵的形狀，就可以判斷天氣的變化，這也是成爲善巧大德要具備的基本知識嗎？」其實一路走來，喜賽就一直仔細地觀察尊者對環境的反應，以及對大自然的解說，這會兒發現尊者連天氣都可以預測，更讓他大

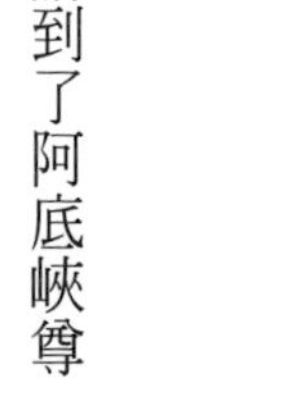

開眼界。

比如尊者聽聽鳥兒的鳴叫聲，就知道是什麼鳥在吱啾；從地面沙丘的起伏，便知道這一帶經常颳什麼方向的風。至於隨行的人，有誰身體不適，尊者也能指示喜賽該採摘哪些草藥做爲療治。

「其實印度的出家人，受到印度教、婆羅門教的影響，爲了接引眾生學佛，除了精進修持佛法之外，世間的學問也是不可疏忽的。」聽到喜賽的讚歎，尊者淡淡地笑著解釋。

「可是世間的學問那麼多，怎麼學得完呢？」戒勝譯師聽到弘法還要學這些，覺得這種說法眞是新鮮，不禁湊過來加入討論的行列。

「在印度，我們把學問分成五大類，這基本的五種學問，就叫做『五明』。因爲外道們常常會來挑戰，所以具備這些訓練，對佛法的弘傳是很重要的。」爲了讓大家更了解，尊者決定好好解釋給他們聽。

「五明是哪五種呢？」大家的興趣都被挑起來了，紛紛圍攏過來問著。只有喜賽，在人堆裡卻顯得有些悶悶不樂。

「喜賽，你爲什麼看起來那麼沒精打采呢？」戒勝譯師回頭招呼喜賽，擔心地看著他。

喜賽尷尬地摸摸肚皮，支支吾吾地說道：「我餓了！可是看這個天色，也不曉得什麼時辰了，不知道該不該歇息一會兒，準備用餐？所以，嗯……。」

由於無法掌握時間，又怕耽誤行程，影響大家的作息，所以求法隊回藏的路上，反而不像來時一樣隨意走走停停，累了就歇息，餓了就抓把糌粑飽食一頓。因此，肚子已經餓得咕嚕咕嚕叫的喜賽，也不好意思提醒大家。

這時，他們正好路過被西藏人稱爲「神靈之山」的岡底斯山山腳，說著說著，突然從山腰間隱隱約約傳來敲鐘擂鼓的聲音，對出家眾來說，那陣陣熟悉的聲響，在寂靜的山間顯得特別親切。

鐘鼓聲停歇之後，尊者微笑地看著喜賽，徐徐向大家說道：「聽到這陣鐘鼓聲，我們還眞的應該停下來用餐歇息了！五明的事，就邊歇息邊談吧！」

「這聲音到底打哪兒傳來的？附近除了這座我們稱爲『神靈之山』的聖山之外，方圓幾百里也沒個寺院，怎麼會有鐘鼓聲？而且，怎麼知道該用餐了

呢？」一聽說要慰勞肚皮，喜賽精神就來了，唏哩呼嚕就是一頓好問。

說起這座山的傳說，說到鐘鼓聲代表用餐，尊者的眼神不禁遙遙地望著這座頂上覆蓋積雪的聖山，他虔敬地說道：「對印度人來說，這座山又叫作『神的天堂』。聽說山腰上住了五百位羅漢，他們就住在洞穴裡修行，而且還有無數的智慧空行母❶在這裡管理山中的勝樂輪宮呢！」

「方才傳來的神祕鐘鼓聲，是羅漢們敲出來的嗎？」好奇的喜賽，最想知道那些神祕的聲音從哪裡來？

「那些聲音，我想就是羅漢們休息、吃飯的訊號吧！我說喜賽呀，你的肚皮可是比什麼都靈呢！大夥兒也該歇息歇息，吃過飯再走吧！」

「吃飽了！吃飽了！可以說說五明的事了。」靜不下來的喜賽，一填飽肚子，就忍不住要來滿足他的求知欲。

「五明其實涵蓋的範圍很廣，比如人人都會生病，所以擁有基本的醫術知識，不但可以照顧好自己，也能對別人有利，這就是『醫方明』。」一邊說著五明，尊者的手可也沒閒著，他從地上的草叢中拔起一根不起眼的小草葉，輕輕搓揉之後，遞給大家聞聞草葉的清香。

「另外，我們也得學習工藝，那就是『工巧明』了。至於爲了與外道辯論，必須有清楚的思辨能力，才能把複雜的事情分析清楚，讓別人知道你的想法，那就要靠『因明』的訓練了。如果再加上『聲明』，就是四種主要的世間學問……。」

說到這裡，大家都安靜下來，正仔細咀嚼著方才尊者解釋這些知識對人的意義，突然被喜賽一陣打斷。

「聲明就是教我們怎麼唱歌吧？就像我常常哼唱歌謠，討大家喜歡。如果我唱的是佛法的歌，就可以吸引別人的注意囉？」

聽到喜賽搗蛋、穿鑿的話，大家都笑了起來。

「其實也差不多了，因爲我們印度不重視文字，有很多詩偈都是靠口耳相傳留下來的，所以讓大家唱得順、記得熟是很重要的。『聲明』就是在學習對聲音、文法的知識。」說完這段話，尊者指著在印度住最久的譯師精進師子，

請他背誦一段在印度學到的偈，好讓大家更了解些。

「我來念一段大家頌讚尊者的偈吧！那是一首詠歎尊者出生的偈，是超戒寺外的小乞丐教我的。」

初生之日雨天花，日照霞彩聞妙聲。
常顧何時得瞻視？今日見矣甚希有。

「哇！雨天花、彩霞、妙聲，好稀奇喔！尊者，您就說說那時的情景給我們聽吧！」喜賽一聽偈裡的描述，又對那些異象起了好奇心。

「可是，還有一明沒說到呢！」眾人雖然也好奇，總有幾個注意力比較集中的，想要把五明弄清楚。

「我知道，我知道，最後一個叫做『內明』，就是對佛法的認識了。」爲了趕快聽到尊者出生的故事，喜賽趕緊賣弄起他在印度東學西混來的常識。

「關於『內明』，是很深奧的，以後有機會我再仔細說給你們聽。」善巧的尊者，察覺到大家的好奇，決定先把五明的事告一段落。

「那現在可以說說您出生的故事囉？」喜賽急著想一聽爲快。

「其實，那是因爲國人對我有太高的期望，所以就把我出生時的現象大加渲染，認爲那些都是祥瑞的徵兆，似乎在向天下宣告，人世間將要得到一位尊貴殊勝的大德。」

「事實證明也是如此呀！」由於與尊者同行的過程，看到王族出身的尊者不但沒有驕貴之氣，反而時時照顧大家，安定大家的身心。喜賽不禁感到用「尊貴殊勝」來形容尊者，眞是太貼切了。尊者摸摸喜賽的頭，雙眼沉靜地望向遠方，似乎陷入了沉思中。

就在西元九八二年（宋太宗七年），阿底峽尊者誕生在東印度薩訶羅地區的邦伽羅國，也就是現在的孟加拉地區。

「當時我們的宮殿因爲鋪設了許許多多的金幢，所以大家都稱呼我住的地方爲金幢宮。很多人都說那個國家最特別的一點，是父王向來以佛法治國，所以國內充滿了正信佛法的氣氛。

「我的父親是善勝王，母親是一位高尚的婆羅門種吉祥光王妃，我是他們的第二個兒子，取名月藏。

「聽父王說，我的出生，讓全國百姓歡喜極了。因爲據說在出生的那一刻，天上放出了五色的霞光，那瑰麗的光暈覆蓋在閃爍金光的宮殿上，許多人看到那麼美麗而莊嚴的景象，都屏住氣說不出話來。」

「那妙聲是怎麼一回事？」眾人想到那首偈子，連忙又問。

「他們說得好神妙，說遠遠近近傳來陣陣曼妙的樂章，好像從天上傳來的天樂，是世間不曾聽過的。就因爲這些祥瑞的氣象，百姓們紛紛走告國家又誕生了一位莊嚴的王子，正是國王篤信佛法、勤政愛民的善果，更是國家、百姓的福氣。所以相對的，大家對我的期待很高。」

「哇！您的父母一定把您當成寶貝了！」喜賽欣羡地望著尊者，想像那從襁褓中就被呵護備至的小王子。

「尊者，我還聽過一個毒蠍子的故事，可不可以說給大家聽呢？」精進師子忽然想到那個被印度人傳誦的故事，也忍不住插進話來。尊者笑笑地看著大家，微微點了點頭。

精進師子告訴大家：「聽說尊者才出生沒幾天，有一天從他睡覺的寢宮屋頂，傳出一陣轟隆巨響，聽起來像是屋梁崩塌了。王妃聽到之後非常驚恐，急忙衝進寢宮，卻發現好幾隻毒蠍子虎視眈眈地盯著小王子，還不斷地伸出牠們的巨螯，一副準備衝下來螫他的樣子。受到驚嚇的王妃，還來不及把王子抱出去，卻見尊者毫無懼色地躺在床上，臉上的表情甚至像是正和那些毒蠍子對陣呢！最奇怪的是，那些蠍子過了一會兒就散去了。

「事後他們非常擔心，特地找了國師來問，國師聽了王妃的描述，不但請他們不要掛心，還告訴國王：『王子將來一定成就不凡，因爲他的誕生已經驚動了邪魔，所以這些邪魔就幻化成毒蠍子，一來想測試王子的勇氣，二來也想伺機加害王子，但是他們卻無法傷害王子，請國王不必擔憂。』」

「太刺激了！如果您當時出了意外，我們今天可就沒有尊者好請了！」聽到這裡，喜賽忍不住驚呼了出來。精進師子一邊說，大家一邊驚懾地想像那個

畫面。此時天空突然飄來一大片的烏雲，大地頓時暗了下來，所以故事一聽完，大家都有種如釋重負的感覺。

「呵呵呵，我們說太遠了，天色不佳，得繼續趕路了。越過前面那座山，看看能不能找個平整的地方歇息。」尊者觀察了一下地形，擔心找不到歇腳的地方，催促大家趕緊走出山谷。

❖ 註釋 ❖

❶ 空行母：女性的密宗修行者。空行母在密宗裡代表智慧，是一切諸佛之母；也表示為一切諸佛護法及承辦事業，占有極重要的地位。

05

從貪染到出離

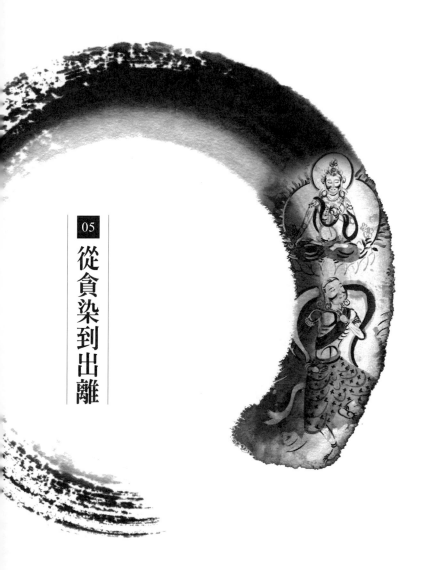

一行人走著走著，轉眼天色就已經完全暗下來了。大夥兒生起火堆，用尊者教給大家的方法，靜靜地做完了當日的修行功課。

山裡的風習習地吹拂著，火苗在闃黑的夜裡，被風吹出搖曳的光暈，映照著尊者莊嚴的法相，如夢似幻的情境又挑起喜賽的好奇心。

「尊者，像我們的智光法王，還有我那個好兄弟菩提光，都是因爲感於藏地的佛法受到邪法的破壞，而深自期許要做護法的工作。可是您是出身富貴的王族，爲什麼會決心出家，忍受種種孤獨而艱苦的修行？像這會兒，您年紀這麼大了，還得陪我們走這趟千山萬水的旅途，是有什麼特別的道理嗎？」

「我想是我的福報比較大吧！」說到出家的因緣，尊者充滿智慧的晶亮雙眸，頓時柔和起來。

「由於出生在一個父王篤信佛法、大哥出家的家庭，雖然享有富貴的生活，但是我從很小的時候就開始接觸佛法，供養諸佛菩薩。而我也一直喜歡親近佛法，反而對一般孩子們的玩樂十分疏遠。聽父王說，我在襁褓時期，

就曾經許下過出家的願望。」

「那您就是我們說的，有『宿世善根』的那種人囉？學佛出家的過程，一定很順利。」戒勝譯師羨慕地說道。

「嗯！學佛的過程是很順利，出家可就有些波折了。」想到自己從小親近佛法，卻一直到二十九歲才出家，尊者不禁有些感嘆。

「雖然父王向來篤信佛法，但他還是把繼承王位的希望，放在我的身上，所以極盡所能地栽培我，更嘗試讓我享盡世間最大的享樂。」

在阿底峽十一歲的時候，國王爲他安排了盛大的宴會，王公大臣們更獻上了二十一位可愛、漂亮的女孩，陪這位將來準備繼承王位的王子，享受一場歡樂而富麗繽紛的王宮宴樂，爲的無非是希望王子喜歡這樣的生活。

不但國王爲他裝飾了無數華麗的寶車，臣子們更以車陣隨侍、圍繞在寶車周匝，一行浩浩蕩蕩地在國境裡四處遊行；行伍間伴隨著優美的樂音，在街頭及花園宮殿，展開連續十五天的盛大宴會。

當時還從四面八方湧來了二十五位其他鄰近小國的公主，這些公主們個個乘坐著華美的車輿，身邊則跟隨著諸多侍女，每個人都裝飾著眩目的珠寶瓔絡，就跟天女下凡一樣地讓人眼花撩亂、神馳不已。

「在那次的宴會中，我每天被這些美麗的公主、侍女們包圍著，看著她們個個彷如嬌美的花兒，感受到昇平盛世的富貴和樂，不覺得就著迷沉醉在這種歡悅的氣氛中了。」

提起那場精心設計的宮廷宴會，尊者笑著說：「那眞叫作用心良苦呢！」

「眞過癮！光聽您的描述，我都好像走進了溫柔鄉一樣了！」

「喜賽，你不要胡鬧了！」大家在一旁制止。

「呵呵呵！是眞的跟溫柔鄉一樣呢！那幾天，我什麼也不去想，每天就盡顧著吃喝玩樂。」

在那段日子裡，他不再持誦經典、供養祝禱；而那些歡樂的樂音、華美的服飾，簡直就像爲他編織一個迷離、夢幻的世界。

「那您後來又怎麼會想離開的呢？」連在市集裡吃到一碗美味的食物，就會連著好幾次都光顧同一家小販的喜賽，想到一個人一旦經歷過那種生活之

後，還能發心捨棄，就覺得不可思議。

而一向被尊者所供養的度母，就在那場宴會中，現身來點醒他。

「當時度母化身成一個穿著天青色衣服的女孩，跑來為我唱誦莫失道心的歌。那悠揚的歌聲清亮無比，不但吸引了在場所有人的注意，更彷彿為我敲響了警鐘，把我深深地震撼住了。」

「度母說了些什麼，才把您喚醒的？」眾人不禁豎起耳朵，想聽聽尊者開始修行的關鍵。

「如果一個人突然發現自己已經修行了五百五十二世，一直都現比丘相，你們說，他會不會受到震懾？聽到她唱的偈，一來告訴我自己修行的歷程，二來點醒我，那種生活會染汙我的心志，過去在修持的過程中，因為清淨得來的喜悅，就不斷地浮現出來。我好像被人從夢中叫醒，四周目眩神迷的歡樂氣氛，突然變得無聊乏味。」說到這裡，尊者清亮的雙眸閃了閃，他指著皎潔的星空，那布滿點點繁星的夜空中，正有一輪清麗的月牙呢！

「就像那輪明月，清淨而沒有雜染，你僅是看著它掛在天空，心裡就會興

起一種感動。其實當時才十一歲的我，對她所唱的偈子不是那麼了解，可奇怪的是，發現自己正陷溺在欲海當中，我就生起厭煩的感覺。」

尊者說到這裡，整個求法隊也靜了下來。天際拂過來陣陣清涼的夜風，掃去了白天悶熱的空氣，大家仰視著天空，望著那些低垂的星子，積蓄了一整天旅程的勞頓，彷彿都得到了洗滌。

「後來呢？後來您怎麼辦？」還是沉不住氣的喜賽，急著想知道結局。

「後來她指點我，要去見一位獨居修行的婆羅門，他會告訴我應該怎麼開始修行。」想到自己的啓蒙師，尊者像是走入了時光隧道，溫柔的眼神更寂靜了。

「所以，這個宴會不但沒有讓您習慣皇宮的享樂生活，反而促使您更快地想離開這些囉？這就是『物極必反』，對不對？」一邊打著呵欠，仍忍不住要發表意見的喜賽，把大家逗笑了。

「是的，經過那幾日荒唐的生活，我更確定自己不要把生命浪費在那上頭。」

說著說著，不耐勞累的喜賽又連打了幾個呵欠，微瞇的雙眼愈來愈無神。

「夜深了，大家都去休息吧，明天還要趕路呢！」爲了讓尊者歇息，譯師趕忙催促大家準備安寢。

「啊！休息，爲什麼要休息，故事還沒說完哩！」聽到休息，喜賽又張大了眼。

「你別撐了，你不累，尊者也累了。這麼多人就你一個打瞌睡，還不快伺候尊者就寢。」

「喜賽，這個故事還很長呢！喜歡聽，改天再慢慢說吧！」尊者慈祥地看著喜賽，搖了搖頭。

就在大家沉沉進入夢鄉之際，月亮也慢慢地落入山的另一邊，只剩下滿空的星斗，在靜夜裡眨著閃爍的光芒；火堆也漸漸熄了，只有呼呼的風，在寂靜中四處竄響著。

06

離開王宮四處求法

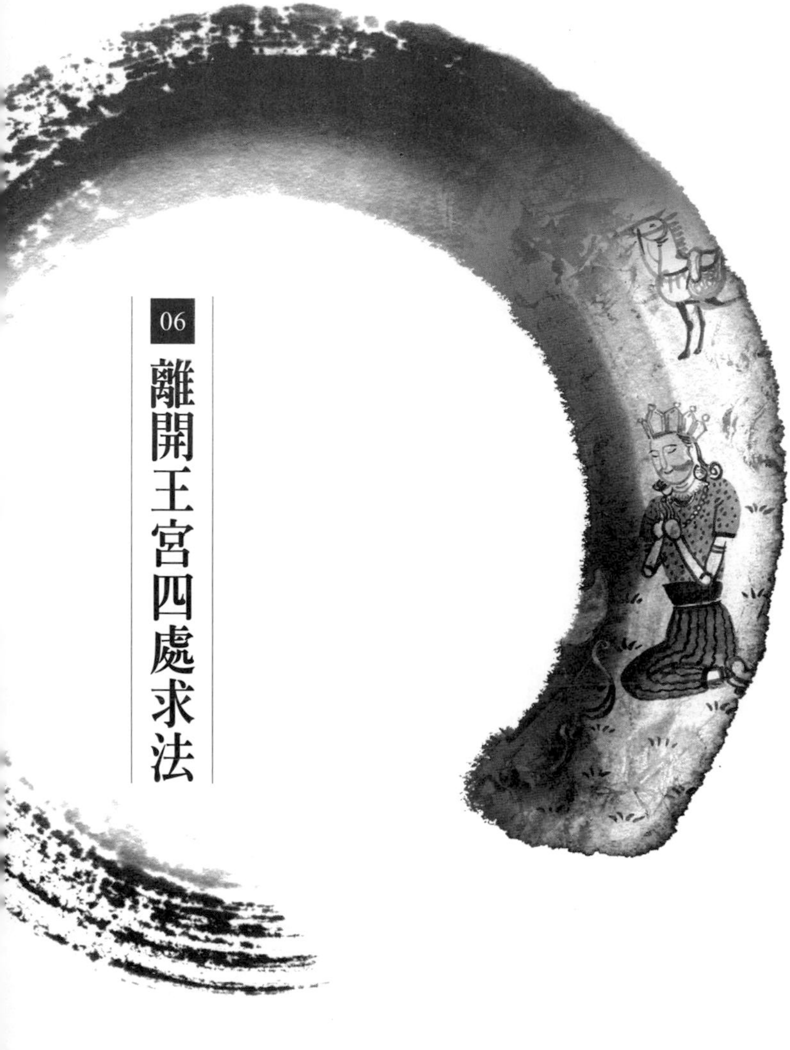

爲了盡快進入西藏，天才矇矇亮，大家就醒來打點行李，繼續走那漫漫的長途。沿途風沙飛揚，常常走著走著，就得停下來稍事等候。

在等待的時間裡，喜賽就纏著尊者繼續講未完的故事。

「您昨天說到，不但沒有適應享樂的生活，反而想出離，那後來呢？」

「看你昨天瞌睡打成那樣，結尾倒是記得挺清楚的！」大夥兒想到喜賽昨天夜裡的德性，紛紛開玩笑調侃他。

「你們別嘲笑我，我可以一邊休息，一邊聽的。以前在西藏，成天跟大夥兒閒磕牙窮混，可是練出了一身好本領！」

看著喜賽跟大夥兒閒扯，尊者只是好整以暇地望著他們。頑皮的喜賽，讓他想起了自己年輕時候求法的歷程，也是從這樣桀驁不馴開始的。

「從那次的活動結束之後，我就暫時不回皇宮了。」尊者接續著昨天的故事。

尊者提到，就在大家正整裝準備返回王宮時，他卻打聽到一名修學佛法的勝敵婆羅門，正在一處幽靜的山林裡獨居。於是他就帶著身邊的一百二十名

騎兵，整理好行囊，跑去見這位大德。這位婆羅門一個人在僻靜的地方，專心修持著出離世間的法門。

「我找到他以後，可沒下馬去拜見他。我勒住馬，就在馬背上問他：『你一個人獨居在這裡，用清淨自身、棄絕欲望的方法，修習成仙之道，這種修行可以得到什麼好處？』

「勝敵婆羅門聽了我的問話，既不起身，也不看我，只是淡淡地對我說：『這個世間的一切都是無常的，沒有什麼是眞實不變的，就像你吧！活著的時候就算可以享受到皇家的歡樂生活，但是死了之後仍然要被業力所牽引，如果修持不好，說不定就往生惡道去了。了悟這些之後，我選擇一個人靜靜地在這個地方修行獨處。雖然我修持的是一般人難以忍受的苦行，但我的心卻是平靜的。』」

「當時他的話正擊中了我的煩惱，想到這些歡樂生活的背後就是一種無聊，以及人不免一死，我決定要好好跟著他學。但是爲了確認他是不是眞的像他說的那樣，擁有清淨的修持心，我仍然神氣地刁難他：『你們這些出離世間的沙門，對別人這樣傲慢就算了，現在是王子我來到你面前，至少你應該起來迎接我吧！』

「誰知婆羅門仍然淡淡地回答我：『對我來說，除了身體性命是我的仇敵、死亡是我的主人以外，哪裡管什麼王子不王子的？況且我已經捨離塵世生活了，早就不管什麼怠慢、慇勤。王子又如何？我只是個無親無怨的清淨出家人罷了！』

「那時的我貴爲王子，從沒有人那樣對我說話，所以我聽了很不服氣，就大刺刺地告訴他，自己是從金幢宮來的善勝王的太子，方圓幾百里之內，恐怕也沒有人比得上我的權勢、地位，不認識我就算了，講這種話難道不怕觸怒我？不怕我用國家的律令來處分他？」

想到年輕氣盛的自己，第一次遇到恩師時的態度，尊者不禁搖著頭笑了出來。那份神采，與平時的尊者眞是大不相同。

「哇！那個婆羅門夠大膽，他眞的不怕您嗎？」看到尊者露出童顏般的笑容，喜賽覺得跟尊者更親近了。

「他何止不怕，還告訴我三世的觀念，如果今生不好好修行，到了來世，可能沒有馬騎、沒有侍從相伴，衣服、食物、國家、土地都可能失去。而個人的路，只能靠自己單獨去走。即使現在是王子，到時候也將和常人一樣！

「我聽了他的話，就開始想像萬一有一天不再貴為王子，而要過著城外乞丐般的生活；萬一金碧輝煌的宮殿，也殘破毀壞了；萬一提供自己富貴生活的父母，也離我而去了；想到這些，我就開始驚惶不安。

「我急忙下了坐騎，把自己的弓、箭、寶劍三樣東西供養婆羅門，並且恭敬地向他合掌：『抱歉對您用驕慢的態度，說些自以為是的傻話！其實我一直想要出離人間，找到究竟解脫之法，希望您能慈悲成全，讓我皈依在您的座下修行吧！』」

「您這麼懇切，他一定備受感動囉？」大夥兒看著尊者莊嚴的法相，很難想像十一歲的尊者，也有驚慌失措的反應。

「是的，慈悲的師父不但以佛、法、僧三寶的智慧加持我，還傳給我『發心法』，鼓勵我要發起菩提心❶。他並且告訴我，如果只想在這輩子得到圓滿

的生活，那只能算是魔王的境界；只想求得自己的利益，只能算是野獸的目標；至於得到衣食溫飽，只要勤奮工作，任何一位奴隸都可以做得到。只有能夠發大願心並捨棄王位，急趨解脫之道，才是發菩提心、精進修行的人應該走的道路！」

「他的重點就是要您捨棄王子的地位，而不只是發心修行囉？」聽完這段「王子啓蒙記」，喜賽又下了個結論。

「是呀！其實住在王宮裡的生活，就像被關在囚籠裡，只會讓我愈陷愈深，有時候厭倦，有時候又擔心失去。只是父王與全國百姓對我仍有世俗的期望，所以我祈請他加持，讓我找到徹底解決的辦法！」

「那他有什麼辦法呢？」眾人關心地問道。

「他告訴我，高貴的種姓是縛綁人的繩索，王位則像是不淨的汙泥，國王就好像是魔王的代名詞，而那些侍奉、圍繞在身邊的臣僕也跟魔王的奴僕一樣，是來干擾我的！不久之後，他們一定會逼我回王宮，所以他認爲我不能再留在那裡了。」

「那怎麼辦？難道您要躲起來不成？」歪點子特別多的喜賽，總是想些奇怪的辦法。故事聽得正緊張的眾人，只好喝住他，拜託喜賽不要再插嘴了。

「他要我趕快到那爛陀寺去，找一位名叫菩提跋陀羅的大德，他是我多生累劫的師長，只有到那裡去，他的智慧善巧，才能對我有幫助。」就像善財童子五十三參❷的故事，尊者想到自己一生當中，得以遇到諸多大德的教誨，就是從恩師的指引開始。

「那您就要換地方求法囉？那爛陀寺離您的王宮遠不遠？」喜賽揣度著大夥遠從西藏到印度，把尊者請回西藏，不知道當初尊者求法的時候，是不是也像他們今天一樣奔波？

「很遠呀！我住在東印度，那爛陀寺在中印度！可是只要有法可求，哪裡都可以去！」

「難怪您願意千里跋涉隨我們到西藏去！您自己求法的過程，也是很辛苦的吧？」講到尊者求法的歷程，譯師精進師子不禁想起在印度聽到的故事。

「從我學法到離家修行、出家，到今天得到這麼多的教導，可以說是諸多

師長共同成就的。每一個階段，我都遭遇了不同的困難，但是他們總是不斷指引我去尋找更多的師長。所以從開始求法，到五十八歲進入超戒寺負責主講佛法以來，我花了三十三年的時間，到處在尋訪善知識❸。至於路途遙遠的問題，呵呵呵！我一生走過的求法路，大概可以換算成來去印度、西藏上百次吧！」說起自己百般跋涉的求法過程，雖然已經年邁的尊者，此刻卻有一種豪氣的自信！

「您說出家過程波折重重，就是指修行路上的艱辛嗎？」聽到求法三十三年，走過那麼多的路程，喜賽伸了伸舌頭，大歎不可思議！

「如果只是路途漫漫，倒也算不上波折。身爲王子，其實最難報的是父母恩，以及父母對我繼承王位的期許。我的波折，應該分成兩次來說，第一次是父王不捨得我離家，第二次卻是我耽溺在瑜伽乞者的修行悅樂中，不肯發心度眾所造成的。」

阿底峽尊者第一次向父母提出離家修行的請求時，父母先是讚歎他的慈悲心，但是他們更鼓勵阿底峽尊者應該好好利用身爲皇室繼承人的身分，一方面

當個供養三寶的好國王，爲人民啓建寺院，讓大家有修行的地方，及供養僧眾的機會；二來，應該藉著王位的便利，修大悲心，對生活貧乏的人勤加布施，讓百姓生活安樂。

爲了勸留阿底峽王子，他的父母常是恩威並施，然而當他們發現好言相勸沒有用時，態度就轉硬。

「他們經常斥責我：『有這麼好的修福機會不好好利用，還想什麼出離王宮？離開王子的身分以後，哪裡能有機緣爲百姓做這麼多的好事？』」

「這樣說也沒錯啦！只有當一位護持佛法的好王，才能給大多數百姓學法的環境嘛！」隨著尊者的描述，喜賽不禁體諒起善勝王的心意。

「如果當一位好王就可以，我們智光法王爲什麼要捨棄王位？你那位兄弟菩提光又爲什麼擺著王子的地位不要，也跟著出家？」多位出家的僧人聽了喜賽的話，又好氣又好笑地駁斥他。

聽大家這麼一說，喜賽拍了拍自己的頭，追問道：「對呀！尊者，您爲什麼一定要捨棄王位？」

「王位雖然迷人，看起來可以實現理想，可是權勢卻是解脫最大的禍患！尤其對我們這種出身王族的人來說，整日生活在被讚歎、被服侍的環境當中，的確很難破除我慢心。況且，對百姓最有用的不是表面上富麗堂皇的寺院，更不只是讓他們衣食溫飽而已。唯有給他們正法，讓他們徹底遠離苦惱，才是最好的。所以，當年我還是不斷懇請父母體諒，悲憫我求法的心，讓我可以專心修持！」尊者從對自己修行的好處，講到對眾人的利益，明白地指出曾爲王子的他爲什麼一定要出家的緣由。

「結果您的父母同意了嗎？」

「他們使出了緩兵之計呢！」談到父母，尊者露出了開心的神采，彷彿回到當初努力說服父母同意的情境。

父母聽了阿底峽尊者的話，一時之間也無話可以勸解，但他們還是抱著最後一絲希望，但願他只是一時興起，可能王宮裡的生活已經過膩了，說不定到外面吃點苦頭，會眞正了解還是宮裡好，就暫時答應他的請求。

得到父母許可的阿底峽尊者，欣喜地準備好供養三寶的東西，帶著隨從歡

歡喜喜地展開了另一段求法的路途。在這之前，他已經先後依止了四位明師了。

「正值叛逆期的我，帶著一種說服成功的喜悅，浩浩蕩蕩、洋洋得意地準備去找我的下一位師長。」

「還沒完啊？到底要找幾個老師，您才眞正捨下王位呀？」

「如果只是離開王宮，那就快了！」對尊者來說，這段過程，還只是學法的開端呢！

❖ 註釋 ❖

❶ 菩提心：又被譯為道心，是因為見到眾生受苦而情不自禁地生起一種慈愛心，一種捨己而救人的悲願心。

❷ 善財童子五十三參：善財童子為《華嚴經・入法界品》中的求道菩薩，曾經

參訪五十三位善知識，最後終於成就佛道。

❸善知識：正直有德行，而能教導人捨惡修善，入於佛道的人。可用佛、菩薩、人等各種身分出現於我們身邊，幫助我們修行。

07

父母諒解捨離王宮

這一段迎請尊者回西藏的路程，由於聽到尊者描述自己求法的曲折過程，大夥兒紛紛提振精神，走得特別順暢，轉眼又是該休息的時刻，大家卻都收起疲憊的身心，又往前多走了好幾里程的路。

「那您後來用了什麼方法，破解了善勝王的緩兵之計呢？」小聰明特多的喜賽，對這種關鍵時刻，總是別有興趣。

「這回靠的是我那位神通廣大的師父羅睺羅笈多，他一見面就送了我一份大禮。」想到師父施展神通，讓其他一起修行的師兄弟們對自己另眼相待，尊者不禁笑了。

當王子阿底峽帶領千名勇士，熱熱鬧鬧地來到羅睺羅笈多行者修行的黑山時，行者正在跟大眾宣講密法。

行者遠遠就發現王子的到來，爲了讓與會大眾對王子生起稀有的護惜之心，就施起神通法力，直接對準王子頭上降下大霹靂閃電。

「他膽子好大，萬一有了閃失，不就完了？」雖然大家對密法裡的神通不陌生，但是當喜賽聽到這一段，還是瞠目結舌。

「我師父當然是有把握才這麼做的。」

在大眾驚恐不安中，閃電不但沒有打中阿底峽王子，反倒擊中了遠處的黑塔山。

果然，法會上所有的人都發出驚歎聲，他們非常訝異地問行者：「來者是誰？爲什麼有這麼大的功德，可以毫不閃避就躲開您所降下的閃電？」

行者就向大家宣布：「這位王子在五百五十二生中，都是位清淨修持的比丘，並且得到了極大的善巧功德；這一生中，他生在邦伽羅國，是該國的王子。但是最令人讚歎的，是他對於那些令人羨慕的眷屬跟王位一點也不眷戀，一直希望捨棄那一切，以修持最難的法門自許。」

最後行者並且說道：「因爲他本身具有殊勝的福德因緣，所以才能出現這種場面，各位是不是覺得很稀有呢？」

大眾讚歎之餘，也連忙起坐，遠遠就準備好迎接王子的到來。

「您這位師父可眞是用心良苦啊！不過，他一定要用這麼激烈的手法嗎？」聽到刺激故事就會興奮過度的喜賽，又開始發表意見。提到自己的師

父，尊者還是深感得意。

「對師父來說，那樣的神通力只是牛刀小試罷了！有時候爲了弘法，他就會使出一些神通來方便度眾。」

於是王子阿底峽一靠近大眾，就趕忙下馬，恭敬地來到羅睺羅笈多跟前向他頂禮，並告知自己的來意。

羅睺羅笈多先對王子仔細地觀察、了解以後，才把王子單獨地帶進密壇，做了一場特殊的灌頂❶儀式，並給他一個密號叫作「智密金剛」，這場儀式與傳法日以繼夜持續了十三天，才終於圓滿。

出來之後，阿底峽王子整個氣質都變得不一樣了，隨即對著隨他而來的侍者、眷屬唱誦〈無常歌〉。

看到王子的表現，羅睺羅笈多知道時機到了，就派遣八位已經有成就的瑜伽行者，擁護阿底峽王子回到他的王國邦伽羅，準備協助王子斷了善勝王要他繼承王位的念頭。

「您的父王就被他們說服了嗎？還是您的師父又暗暗使了神通力？」慢慢

對神通感到好奇的喜賽，開始對這種修行法門心動。

「師父就是不肯用神通力幫我，他認爲已經徹底對宮廷生活死心的我，一定要親自讓父王了解我的決心。所以回宮以後，麻煩才開始呢！一開始我還奇怪，爲什麼還要瑜伽行者陪我回去，我一個人難道應付不來？」

已經得到灌頂的王子阿底峽，認爲自己已經可以應付了。於是王子以瑜伽行者的姿態，騎著馬兒讓千人圍繞著回返王宮。回到宮裡之後，大家才知道換了裝束的王子，已經下定決心不再改變了，這讓國王、王后以及所有的人都非常煩惱。他們爲了防範王子眞正離開王宮，連續三個月，都對他的行蹤嚴密防範，不願讓王子有機會離開。

「您的父母都那麼護持三寶，還會把您軟禁起來？」

聽到喜賽用「軟禁」來形容當時的遭遇，尊者不禁笑了出來。

「所幸有師父派來的瑜伽行者同行，他們教我並陪著我在王城裡四處遊蕩，裝出瘋瘋顛顛的樣子，要讓大家死心。我們每天到城外跟小乞丐們混在一起，結果眾人看出我的決心，漸漸知道我出離的意願無法改變。」

「太好玩了，乞丐王子，一定很有意思！」大家雖然能體會到當時阿底峽王子離開王宮的艱辛，但是聯想到眼前雍容大度的尊者，也曾經在乞丐窩裡待過，都覺得有趣極了。

尊者想起那段日子，自己都忍不住開心地笑了起來。

「長那麼大，我才體會到不穿王子華麗的衣服有多自在；每天吃著乞討來的食物，宮裡的山珍海味也不見得比得過呢！」

說著說著，尊者神色一正，嚴肅地說道：「最糟糕的是父王那一關，他不但每天悲泣不已，還不斷對我悲傷地感嘆：『想當初你出生的時候，出現了無數的祥瑞之相，我一心以爲你能繼承王位，心裡欣慰極了。沒想到你居然狠得下心，要隱遁到山林裡去，眞的太令我失望了！到了這種地步，我還能說什麼、做什麼來改變你的心意呢？』」

「唔，這倒是挺讓人爲難的，您總不能做個不孝的修行人吧？」習慣了喜賽嘻笑怒罵的樣子，突然看他嚴肅的評述，尊者撫慰地拍拍他的頭，繼續講下去：

「幸好父王也是篤信佛法的人，我只有不斷告訴他因緣無常的想法。我稟告他，就算繼承了王位，暫時不跟他們分離，但是又能維持多久呢？一旦生離死別到來，誰也不可能永遠陪著誰。何況我們也不是每一生都能聚在一起，永遠享受親情與歡樂，這種俗世的依戀是不可靠的。

「只有捨離世俗的關係，在菩提道上好好修行，才能在生生世世的關係中，以佛法究竟解脫的悅樂相護持，並得到眞正的自在！」

「可是如果沒有這種體會的人，應該也很難諒解吧！」在場幾位出家過程備受煎熬的僧人，有感而發地說道。

「所以，我只有去懇求母后了！母后雖然捨不得我過苦日子，但她更悲憫我渴求出離的決心，所幸最後靠母后的支持，父王才放手。」說起母親，尊者感慨地嘆了口氣。

愛子心切的母親，看到阿底峽王子的苦惱，深深感到不忍，爲了成全兒子，也只好捨下世俗的親情。

「母后勸父王，只有把我捨給佛法，未來世中，才有因緣結下法緣，共同

在法喜中相聚。」

得到父母首肯之後的阿底峽王子，隔天一早就出發，與一同前來護持的瑜伽行者趕往阿縛都帝那裡，修持許多困難的法門，並從中觀入手，學中觀論與方法，同去的修行夥伴也都一起針對聞思修❷三方面努力精進地學習。

「從此，我就在阿縛都帝的座下學法，勤苦修行了六年，在這裡度過青少年的歲月，從十二歲一直到十八歲都不曾離開過。」

「呼！」

「喜賽你又耍什麼寶，亂嘆氣做什麼？」戒勝譯師輕輕拍了拍喜賽的肩膀。

「不是啦，我是替尊者緩一口氣嘛！從十一歲到十二歲，東奔西跑那麼多地方，終於可以停下來專心學法，當然要喘口氣呀！」

一口氣講了自己從年少開始求法，到依止阿縛都帝的過程，尊者逐漸沉靜下來，他感覺那一切好像做了一場長長的夢。望著處處飛揚的塵沙，望著綿亙在眼前的層層山巒，想著此行到西藏弘法可能遇到的種種艱辛，不禁微微嘆了口氣。

「佛陀當年在菩提樹下夜睹明星而悟得正法，希望此去眞的能對藏地佛法盡到心力；身爲佛弟子，要走的路還眞是遙迢漫漫哪！」

❖ 註釋 ❖

❶ 灌頂：密宗傳法的儀式。

❷ 聞思修：聞，指聽聞；思，指思惟義理；修，指修行。

08

途中遇襲尊者降魔

突然之間，遠處揚起一片灰濛濛的砂礫，把路都給遮掩了。

「尊者小心，前面好像有人！」

機靈的喜賽衝到尊者面前護著他，其他人也圍成一道人牆，把尊者保護在後頭。

在塵沙止息之後，出現了十八位裸形外道，他們齜牙咧嘴地向尊者叫罵著：「你這個老東西，滾回印度去，想到西藏弘法，得先過我們這一關！」

原來這些外道聽到尊者啓程赴藏弘法的消息，擔心將來會在西藏失勢，所以趕到邊境來，想把尊者一行人嚇跑。

「先過你們那一關？想對尊者不利，你們還得先過我這一關呢！」

一向在街邊胡混慣了的喜賽，忍不住就和這些外道對罵了起來。

「喜賽，你先別著急，好好勸他們離開就是了！」慈悲的尊者，不希望喜賽在激動中和外道們動起手來，兩邊人馬無論是誰受傷，都是尊者不願意見到的。

「想勸我們走？哈哈哈！你們聽到沒有？勸？你們還不快滾回去，再不

走，別怪我們動手！」

這群外道蠻橫地吼叫著，一點也不肯讓步。

尊者無奈，只好走上前來，肅穆地看著這群失去理性的外道。他沉穩地使出度母過去傳授給他的法門，施下咒語，瞬間就把他們一個個變成泥塑木雕一樣，動彈不得。

「哇！尊者好厲害，早知道您神通廣大，我就省下口水，不跟他們囉嗦了！」看尊者露出這手絕技，喜賽傻了眼。

「其實我也不願意使出這些神通，畢竟這只是方便的法門，只是他們不肯退回去，我只好先把他們留下來了！」

又走了半日，遠遠來了一隊商旅，尊者就把先前發生的事向他們解釋了一番，然後對著一堆砂礫施下解除的咒語，並把那堆砂礫交給商旅：「在你們回印度的路上，會遇到一群曾經意圖阻擋我們的外道，你們見到他們之後，千萬不要害怕，只要把這些砂子撒在他們身上，他們就可以自由活動了。」

商人離開之後，遇到那群外道，用尊者給的砂子解了咒語，並把外道趕

走。

經過一場虛驚，大家餘悸猶存，尊者爲了安大家的心，要大夥兒先靜坐一會兒，稍事休息之後，再繼續趕路。喜賽因爲擔慮著前方不知道是否還會有狀況，也不敢再吵著聽故事了！一行人安靜地走著，不知不覺就來到了跋薄邊界。

果然路途不平安，警覺的喜賽馬上又發現前方衝過來一群人，不過仗著尊者的神通，這會兒他可神氣了：「你們這群人堵在這裡做什麼？還不快點讓開，小心讓你們好看！」

大夥兒看著喜賽得意的樣子，都笑開來了。把那群不知所以的人，弄得好不迷糊！不過對方可也不是省油的燈，馬上惡狠狠地說道：「我們是什麼人？你們趕路也不打聽清楚，我們是這一帶的強盜，沒想到你們這群出家人，身邊還帶著不少值錢的玩意兒呢！」

他們觀察了半天，看上了尊者旁邊的旃檀木床，就指著木床吆喝著：

「喂！就你，把你身邊那張床留下來！人，我們可沒什麼興趣，只要東西留下，就放你們走！」

「床是不能留下的，我們千里迢迢把這些法器從印度帶來，就是要送到西藏弘法用的，各位請手下留情！何況比丘們的東西都是十方供養的，拿了對你們不好，會造惡業的。」尊者沉著地跟他們解釋，希望打消他們搶東西的念頭。

這個貪心的大王，眼看光天化日之下不好得手，加上尊者的態度從容，喜賽看起來也是一副不好惹的樣子，就先退到一旁。

只見他把那群惡漢叫到一邊，嘀嘀咕咕不知商量些什麼，還不斷用眼角偷偷打量一行人，隨後就狠狠地撂了一句話：「算了！諒你們也沒什麼值錢貨，省得我費力氣來拿！」說完，還不屑地瞪了他們幾眼，往林子裡撤回去。

「尊者，還是您高明，這回連神通也不必使了！不過，被他們一攪和，我看大家都累了，我們是不是就此休息了？」譯師精進師子爲了撫平大家驚魂未定的心思，建議今天就走到這裡，先停下來定定心再說。

大家雖然慶幸這回三言兩語就把強盜打發了，卻也著實嚇壞了，聽到要休

息，趕忙就整理行囊，安排歇息的工作。

到了夜裡，大夥兒就著火堆，隨意地或坐或臥，因爲白日裡一頓忙亂，也沒什麼心思多聊。唯獨喜賽精力旺盛，自告奮勇要四處巡邏，保護大家安睡。

由於這一帶有些林木，所以喜賽也不敢大意，到處巡巡走走，看看沒事也準備歇息了，突然聽到一陣窸窸窣窣的聲音。

「什麼人鬼鬼祟祟的，出來！」

聽到喜賽一陣吼叫，大家跟著醒過來。原來是白天那群強盜，想趁著夜裡前來偷襲。

大夥兒還沒完全清醒，就發現尊者已經站到喜賽身旁，從容地望著這群盜匪。接著，還是如前次那般，尊者不慌不忙地施起咒語，三兩下就讓盜賊們手足無措地呆楞在原地。

「喜賽，你過去把他們綑綁起來！」

「饒命呀！饒命呀！我們不敢了，再也不敢了！」

等強盜們清醒過來，還來不及弄清楚發生什麼事，就發現自己被喜賽五花大

綁地綑成一團，嚇得手腳都發軟，只會拚命告饒，喜賽則是得意地罵著：「好好勸你們不聽，看你們以後還敢不敢隨便侵擾來往的行人？」

尊者爲他們簡單地講了些因果報應的道理，隨後就把他們放掉了。

趕走這群強盜之後，大家也了無睡意了！

「尊者，反正睡不著了，您再說幾個故事給我們聽嘛！」喜賽無聊起來，又想賴著尊者說故事。

「好吧！那我就跟你們講講我當年出家的因緣吧！」

「嗯！您之前講求法的事時，曾說出家前有兩大障礙，一是父母不讓您離開王宮，二是自己不捨得出家。可是既然您都能捨棄王宮的生活了，還有什麼捨不得放下的呢？」譯師精進師子問道。

「話說從頭，不捨得出家，其實有兩個重要的原因。一個是強烈的貢高我慢，另一個原因則是我一直耽溺在修行的悅樂當中，發不起眞正度眾的菩提心。」

雖然尊者三言兩語之間，就把自己的問題一語道破，但是對玩心極重的喜賽來說，這段話卻彷彿在他的心田裡投擲出一圈圈綿綿密密的漣漪，也影響了他對出家的看法。

09

摧伏我慢正式出家

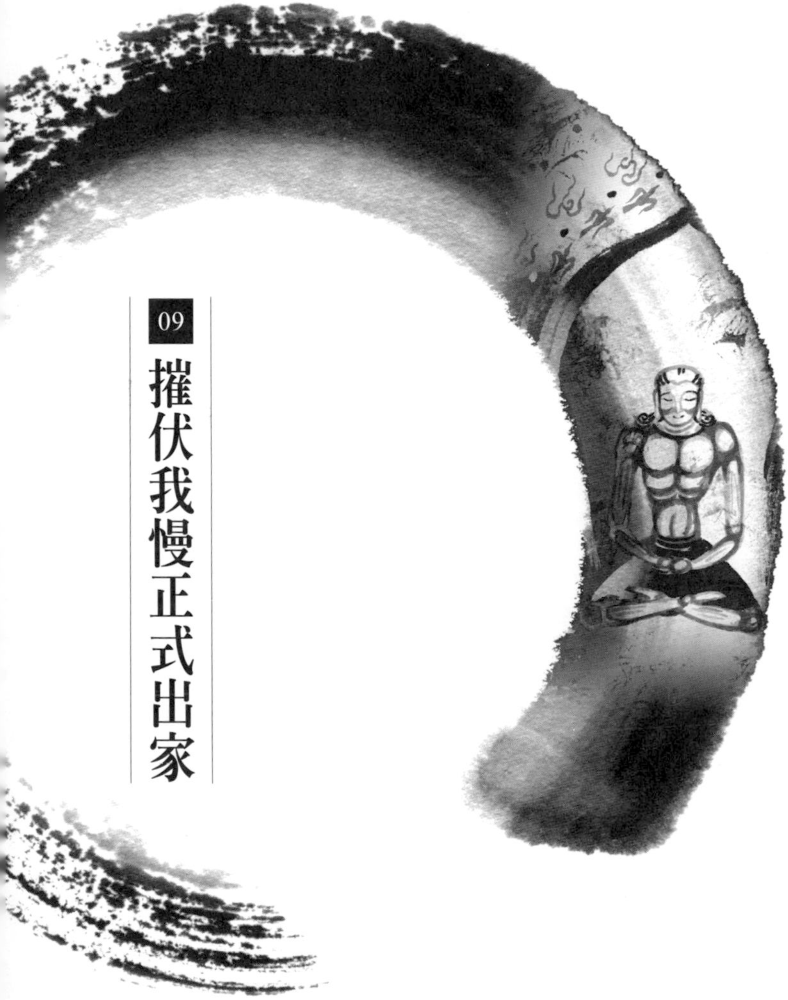

「您說的我執、我慢，應該不是因爲王子的身分所造成的吧？因爲您最初學法的過程中，不就是離開王宮，選擇過清淨的修行生活嗎？」

在喜賽的心目中，一個人能夠把那麼驕貴的身分放下，也就是等於放下了強烈的執著。此刻，在他腦海裡出現的，是古格王朝裡那位一起長大的玩伴菩提光。

菩提光從翩翩貴公子，轉變成現在謙和、慈悲，凡事爲他人著想的態度，讓喜賽體會到，一個人能夠不端架子，不以自己曾爲王室的身分而驕傲，就已經是放下自我最大的成就了。

「對一位王子來說，或許放下身分，就已經放下了大部分的我執。由於父王曾經爲我安排了許多課程，加上我對那些內容很有興趣，所以很快就學得了七、八分，大家都讚賞我聰明、機靈，長久下來，連我自己也以爲這樣了。而諸多的師長，更爲我打下了很好的基礎，使我年紀輕輕就擁有很多人沒有學過的知識。然而這些，卻都成爲後來我出家前最大的心理障礙。」

大家聽了似懂非懂，不知道尊者眞正的意思；狐疑的眼神，面面相覷的表情，反映了他們的茫然。

「爲什麼呢？成爲大善巧者，這些不就都是資糧❶嗎？怎麼會變成障礙？」連老譯師精進師子，都大惑不解地提出疑問。

「我來告訴你們，一個人如果不懂得善用資源，那所有能夠幫助他得到大成就的資糧，都可能形成內心強烈冥頑的我執。」尊者的神情，隨著這些話逐漸朦朧。因爲他的思緒，一下子飄回了當年那個氣勢高昂、不可一世的青年阿底峽身上。

在當時的邦伽羅境內，外道與佛教道場時常進行辯論，佛教常常處於劣勢，所以一些原本信持佛教的道場，就漸漸被外道合併了。

原來在當時，善於論辯的印度人，有一種辯論教理的信仰規矩：辯論輸了的一方，必須帶著自己所有的弟子、受供養得來的財物，甚至修持的道場，全部皈依給勝利的一方。所以一旦修持佛法的一邊，在辯論能力與論述教法的功力上不及外道，就必須將弟子及財物等歸屬到外道那兒，佛法推展的力量，就會遭到嚴重的傷害。

那時有一位佛教的上座比丘，爲了這種現象經常憂心忡忡，一心想找到足以對抗外道的善巧法師，或修行密法的瑜伽士來扭轉局勢。於是他到處尋訪，可惜一直沒有找到合適的人可以栽培，讓他非常憂愁。

正好阿底峽王子有一段日子在邦伽羅國過著瑜伽乞食者的生活，一位支持佛教的女人輾轉聽說了王子的功力，就前來觀察他。她發現王子雖然外表看起來像一位乞丐，卻渾身煥發著智慧的光明。

幾次聽到王子與其他瑜伽士討論修行的觀念，那睿智的觀點、犀利的詞鋒，都讓她大開眼界。於是她判斷王子是一位功力高強的大善巧者，可以推薦給那位憂傷的上座。

「大德，我們佛教有救了！您有沒有聽過善勝王二太子的故事？傳聞他是位聰明的修行者，所以我特地跑去觀察了一陣子，果眞是佛門之幸！」接著，她細細地描繪了王子與人論辯、討論修行的過程。

「那眞是百年難得一見，如果能請他出馬，一定能把這些外道邪說掃到一

邊去！」那女人極力地讚歎及充滿期待的神情，說得上座法師心動不已。

他連忙前往尋訪，並殷切地告訴王子，自己所遭遇的困境。

「聽了上座比丘的煩惱後，我也正好想試試自己所學是否有進步，就答應了上座的要求。那時雖然我的師長們都教了我發心法，可是幾年的修行生活下來，我一直認定，能發心捨下俗世尊貴的生活才是重點；至於答應與外道爭辯，我並沒有很強的願力，更遑論對佛教的護持了。」尊者回憶說道。

經過尊者這麼一解釋，喜賽慢慢有點懂了，又聽譯師問道：「您的意思是，即使學了某些法門，也懂得了某些佛法的精神，但是從發願要個人修行，到能成就別人，還是有一段距離的？」

「是的，這就是我經常說的，修行要循序漸進，不能一步登天……。」說完，尊者沉思了一段時間。

「繼續說嘛！您後來是不是破了外道，然後打出佛教的江山？」喜賽開始覺得自己的體會愈來愈多了，不過，他更興奮地想知道年輕時的尊者，怎麼去破斥外道的？

答應上座比丘的阿底峽王子就四處駁斥外道，不但取回了佛教所失去的寺院、僧人；同時優異的表現，更吸引了大量的外道修行人轉而學習佛法，使佛法一時間有種欣欣向榮、蓬勃發展的氣象。

上座不但對他的所作所爲讚歎不已，並極力勸導王子，認爲他應該出家成爲僧人，才不會可惜了他的資質。

「他對我說：『你現在現的只是注重個人離苦得樂的乞食者相，雖然可以得到個人的成就，但還是不能利益諸多眾生，達到度化眾人的目的，實在太可惜了。對佛教、對你個人，都是一種浪費呀！』」

「您受到感動了嗎？還是仍堅持要過獨居修行的日子？」大夥兒關切地想知道，尊者是否就因此提起了心力，走上發心度眾的路？

「可惜當時我心不在此，還耽溺在個人修行的快樂當中，更糟的是，我已經被摧伏外道的成就所障礙而不自知。然而上座卻仍不斷勸說，最後我索性找了個託辭就離開了道場，繼續四處行腳的修行去了。」

離開之後，王子一路上仍對自己破伏外道的事念念不忘，心裡想著的都是

自己的表現，以及別人崇拜的眼神。

「那時我多麼驕慢得意呀！認爲在一切的密法傳承當中，不管是加持、教授、能力與知見，自己大概是最傑出的了，再也沒有人能超越得了。」

「哇！要袪除我慢和執著，眞不容易。」喜賽喃喃地下了個結論，大家也若有同感地點點頭。

「那怎麼辦？萬一再也找不到比您優秀的人，您要怎麼克服自己的驕慢心呢？」戒勝譯師說出他的疑問。而大家也終於體會到，克服慢心是很辛苦的。

「一向護持我的空行母，又出現了。」尊者開心地說起空行母出現的那個夢。

在夢裡，許多空行母翩然而至，他們手上拿著阿底峽王子不曾看過、聽過的密典，輪番出示給他，看得王子眼花撩亂，更心驚膽跳。因爲他終於知道自己的修持仍然有限，那許多豐碩的寶典，王子不但不能完全理解，甚至連看都沒有看過。度母甚至現身來問他：「你認爲自己是修密乘佛法的善巧之士嗎？」

「我還大方、得意地承認了呢！」尊者提到自己的莽撞，不禁搖了搖頭。

然而度母卻舉出許多修行的法門，連連追問阿底峽王子是不是都已經學過了，他這才驚恐地發現，別說學過了，根本連聽都沒聽過呢！

因此度母告訴他，如果連這些法門都沒有修持過、連這些經典都沒有聽聞，卻以爲自己是善巧者，心中的我慢確實太嚴重了！度母並且指示王子，大部分的密教經典都在諸多空行母的手中，如果想要成爲眞正有成就的修行者，就要更加精進努力地學習。

「度母在夢中的示現，讓我受到極大的震撼，不但心裡的驕慢不再，而且再也不敢因爲有一點點的成就，就自以爲是了！」

「您終於決定出家了嗎？」喜賽高興地問道，彷彿自己是那位得到啓發的快樂王子。

「我只是發現了自己的不足，內在那股隱隱約約的慈悲心，並沒有迸裂出來；是後來又做了兩個夢，才把自己的眞正想法引發出來。」說到這裡，大夥兒又開始露出茫然的眼神，尊者笑笑，準備好好解釋他的夢。

原來，王子在一個夢裡，見到虛空中的莊嚴上師❷出現，他告訴王子：「善男子呀！你僅僅跟隨瑜伽師父修持密法是不夠的，還不能眞正證到聖位，若想要有更大的成就，應當要出家修行。最重要的是，一旦出家，你將會擁有很多的弟子，而你對佛教的影響力會很大，還有許許多多的求法者，都要依靠你的開示來學習正法。」

「上師為了激起我的悲心願力，還先以未來可能擁有的大成就來誘引我，可是我仍然猶豫不決，覺得自己這樣修行很自在。」阿底峽尊者說著。

所以即使有上師的提示，阿底峽王子還是寧可選擇目前的修行生活，直到他在夢裡見到了世尊。

「當時我夢到了釋迦牟尼佛與許許多多的大比丘，他們一同坐著受供養，我自己則坐在旁邊。夢中世尊環顧大家之後，對著我問道：『你到底還貪戀著什麼，到現在還不出家？』」

「哇！世尊親自來勸說了，豈不是給您好大的震撼？然後您就出家了嗎？」大夥兒羨慕地看著尊者，覺得能被世尊提點，眞是莫大的榮耀。

卻見尊者靜靜地闔上雙眼，緩緩地搖了搖頭，表情是既無奈又尷尬：「世尊的顯現，雖然讓我深受震撼，但是我仍然執著於自我的成就，貪戀無憂無慮的自在生活。畢竟，閒雲野鶴般的逍遙，一直是我離家以來最得意的成就。」

「完了，完了！連世尊都改變不了您的心意，這下沒救了！」喜賽凝重地看著尊者，卻不自覺說出他一慣的調皮話，大家還來不及制止他的無禮，尊者卻先笑了。

「到了這種時候，助緣都齊了，外力也都使完了，就要靠自己了。」尊者藉機又跟大家講了點佛法。

那一天終於到來了。就在阿底峽王子以師父所教的方法修持時，內在的自性光明化現了，就像王子面對鏡子一樣，誠實地觀照到自己內心深處的想法：「不要只用瑜伽密法修持了，縱使這輩子全力投入，也不可能證得果位，糟的是還會起障礙、煩惱。現在該做的就是出家，這樣才能把佛陀的聖教弘傳下去，利益眾生。」

「當我真正發了願，願意承擔佛法弘傳的責任之後，又在修行中進入到更

神妙的夢境。」就像跌進了時光隧道，尊者想到最後終於決定出家的夢，眼神裡都是煥發的神采。因爲那個夢，彷彿開著挖土機，把內心深處的嚮往挖掘出來，也使他勇於面對自己的渴望。

在那個神妙的夢境中，他發現自己置身在一處大道場裡，中間趺坐著一位上座；王子一看到那個地方，覺得好熟悉、好親切，彷彿他一直就住在那裡。所以他像回到家一樣，急忙就想往裡面走，但是卻進不去，被攔阻在門外。上座冷冷地告訴他：「這裡是出家人出入的地方，你是在家人不應該進來！」

醒來之後的王子，心中悵然若失，他一直回想著自己從年少時期就渴盼離開王宮，並且四處求法的過程。如今彷彿找到了家，走到了目的地，卻不得其門而入。

「這時，我把那時所有的夢連結在一起想，我不斷問自己，離開王宮之後，證得清淨修行的喜悅，對自己的意義是什麼？你們要不要猜猜看？」說完，尊者賣了個關子。

「是不是在修定的過程中，清淨無染的境界讓人著迷？」一些出家僧人有感而發地回答。

「我看是因爲遠離人世間的責任與束縛，才覺得清淨自在吧！」喜賽快嘴快舌地應道。

「你們猜得都對。一方面，我掉到一個有所成就的得意當中，一方面則又不願意擔負責任，認爲出家會失去那些清淨的喜悅，因而一直逃避。」

「所以結論就是：如果人不能生起慈悲心，願意承擔眾生的苦、願意負擔責任，就不能眞正產生出家的願力？」戒勝譯師聽到這裡，終於體會到「發心」的精神。

而玩心重、喜歡四處閒晃的喜賽，這時才了解了菩提光所說的責任重大。

「幾番思量之後，我發現自己不但不應該以『我』個人的成就爲重，更不能以爲只要自己努力修行，對眾生發了悲憫的心就夠了，還要去做，才是眞的把握到發心的精神。」

「這會兒，就眞的要出家了吧！」一路聽下來，喜賽終於鬆了口氣。因爲他更深刻地了解，一個有福報生在富貴之家，又那麼聰明的人，要走到出家的

路，眞的是千迴百轉、曲曲折折呀！

「是的，我終於心甘情願地在二十九歲那年，到超戒寺依止在戒護論師座下正式出家，並且得到一個法號叫作吉祥燃燈智。」

說到這裡，火堆又燃盡了，夜風在荒野裡吹得價價作響。尊者闔上雙眼，靜靜地咀嚼著那段千迴百轉的心路歷程。

「眞的要休息了，否則明兒個大夥兒都沒有力氣再走了！」夜深人寂的山林裡，只聽到嘶嘶的蟲鳴，譯師趕忙催促大家入夢。心裡頭還一堆話要說的喜賽，也只好忍著，先睡下再說。

❖ 註釋 ❖

❶ 資糧：資為資助、糧為糧食，就是必需品，這裡有積集、準備之意。

❷ 上師：西藏佛教對於德行高超，可以做為世人典範者之尊稱。

10

代師辯論外道傾服

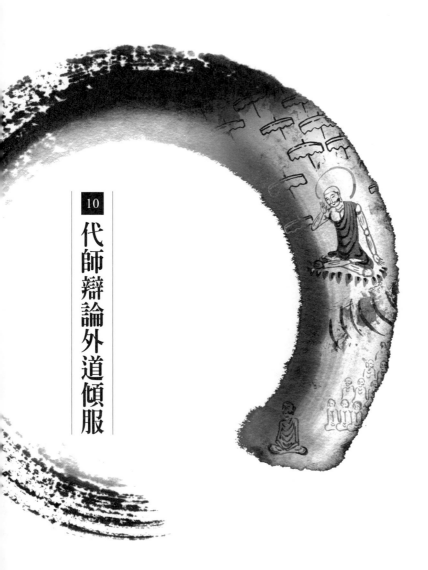

一路隨著尊者、求法隊的比丘們走來，喜賽心裡對出家終於有了清楚的輪廓。一向野慣了的他，在了解出家眞正的意義之後，慢慢確定自己要隨著菩提光走上這條路；但是，仍然有些猶豫的他，一路上盡想找機會問問阿底峽尊者的意見。

心事重重的喜賽，不再沿路嘀嘀咕咕，氣氛顯得安靜不少。

尊者看著他煩惱的模樣，知道應該給他一些激勵，於是說道：「來吧！我再來跟你們說說，當年我在印度降伏外道的故事。」

「嗯！也是像那樣施施咒語，就把外道趕跑的故事嗎？那一定很精彩！」聽到降伏外道，喜賽的精神又來了，他興奮地學著尊者的動作，胡亂地比畫了起來。

「不是的，要降伏外道得從理字上下手，光是顯弄神通，不是佛法眞正的精神！而且，這次我要說的，是正式出家以後的摧伏外道，那不只是一種意氣之爭，更關係著整個佛法的弘傳。」

有一回，一位外道來找阿底峽尊者的師父辯論，辯論到一半，師父突然

病了，無法繼續下去，就交代他繼續參與辯論；而他也不負師託，折服了那位外道。

外道對這位年輕比丘十分陌生，於是到處打聽他的背景。他本來以爲自己是敗在一位把五明練到爐火純青的青年僧手上，最後才發現尊者只在出家前學習過聲明、因明，不禁輸得心服口服。

不過也因爲這次代師辯論，阿底峽尊者發現，在當時的印度想要弘法，就必須折服那些口才流利、思辨能力一等一的外道高手。所以他先調伏自己的心，把那種依恃自己與生俱來的聰明善巧的觀念破除，開始認眞而紮實地跟隨師父，把五明徹底地反覆學習。

後來尊者住到大菩提寺，每年的內外道聚會時間，總有一大堆人聚集前來，辯論結果影響很大，輸了的就帶著徒眾跟隨獲勝的一方修行，連寺院也得交出來。最具象徵意義的是，每次辯論結束，勝利的那一方就會得到一把象徵勝利的傘。

有一次，一位來自南方的外道論師，擎著十三面到處論辯贏來的傘，威風凜凜、浩浩蕩蕩跑來挑戰，他驕傲地跟尊者說：「現在你儼然是佛教裡的重大領導人，而我呢？也算得上是外教教主了，我們兩個就來辯論辯論，分出個輸贏吧！」

由於這位外道的徒眾甚多，那十三面傘又彷彿標舉著常勝軍的光芒，所以大家都很緊張，連國王都被請出來爲他們做見證。誰知道尊者居然沒花什麼力氣，就把這名「教主」折服了。除了供養了十三面傘，更浩蕩地領軍向尊者頂禮出家，所有徒眾通通回心改信佛教。

第二年，又來了一位手持七傘的大外道，當然也被尊者降伏了。

又過了幾年，有一位持著五傘的論師前來挑戰。這位論師精於聲明，邏輯思辨能力又強，他認爲能折服尊者才是一大挑戰，所以老遠跑來邀請尊者跟他進行辯論。

那場辯論預計從午齋之後開始，從架設辯場開始，就湧進了許多徒眾。由於前來參觀聽講的人太踴躍了，辯場特地劃分內外左右，並讓國王端坐在中央，許多人都慕名前來參加這個盛大的辯論會。

「那麼盛大的場面，尊者會不會緊張呢？」大家正聽得津津有味，喜賽又來攪局。

「因爲我對佛法有信心，還不至於會緊張；可是那次因爲關係到佛法的弘傳，倒是感受到沉重的使命感，所以特別愼重。」尊者笑著解釋道。

在論師跟尊者剛展開辯論時，大會上的人都能理解他們所討論的內容；等到辯論的主題愈來愈深入之後，只剩下差不多三十多個人知道他們討論的是什麼；接著了解的人愈來愈少，從二十幾個、十幾個、五六個，到最後只剩下尊者和這位論師兩個人深入探討極深極細的觀點。

後來，這位論師擔心自己無法取勝，就提出一個「聲明」裡極爲精深的理論質疑尊者，尊者一時無法回答，就請論師稍後，然後轉身到寺裡去。

「眞是懸疑！您是回寺裡找書來看嗎？」喜賽又在那裡亂出點子。

「傻喜賽，這個時候臨時抱佛腳是沒有用的！」大家瞪了喜賽一眼。

到了寺裡，阿底峽尊者就在度母前面供養，並慇勤地祈禱。他向度母懇切地說道：「爲了正法的弘傳，弟子今天這場辯論相當重要，如果無法折服對

方，佛法將會受到嚴重的折損。弟子的聲望敗落事小，從此讓佛法受到斲傷，才是弟子罪不可赦、難以釋懷的苦惱。」

祈請之後，他定下心來，仔細地思量這個問題，終於了解疑義，出去向論師解說。這位外道論師因而落敗，一樣地把自己的五把傘供養尊者，並留下來出家。

這種種論辯折服外道的事蹟，對尊者來說，簡直像掃蕩群魔一樣多不勝數，並且對當時佛法的弘傳，更像興起正法的大旗子，讓人讚歎不已。而尊者也更加戒慎戒懼，一方面不斷加強自己的修持，一方面精研經論，兢兢業業地爲弘法而努力。

「難怪後來您會掌理那麼多寺院的鑰匙，而上座法師會不捨得讓您離開印度！」譯師們聽了這些事蹟，紛紛感到能把尊者請至西藏，實在是好大的福報！

11 業果喇嘛入藏弘法

經過了長途跋涉的艱苦，一行人走走停停，累的累、病的病，一路上雖然有尊者的故事相伴，但疲憊的身體卻無法抵擋病魔的侵襲。尤其是老譯師精進師子，眼看著迎請尊者入藏的任務即將完成，心力鬆懈下來，大小病痛就隨之而來。

這一天，求法隊終於遇到人力難以挽回的生死關卡了。

「尊者！尊者！老譯師……老譯師……，這……這……這怎麼一回事呀？他的病到底有沒有辦法救治？尊者，您有神通、咒法，請您慈悲救救他吧！」

一日，喜賽清晨醒來，發現精進師子正奄奄一息地躺臥著，雖然神精仍然從容自在，但是看得出來他正爲病痛所折磨，彷彿隨時就要離大家而去。驚慌的喜賽，趕忙衝到尊者身邊，苦惱地向尊者哀哀懇求。

聽到喜賽哀戚的懇求，大家雖然不忍，但也隨即打起精神，護持著老譯師，在他身旁安靜地坐下，輕聲爲他念誦佛號。

「你們怎麼不理我了，難道已經無法挽回了？」喜賽沮喪地盯著大家肅穆的神色，不願意相信眼前的事實。

「喜賽，生死大事來臨前，你應該學習正視它。我雖然不捨，但是我們更應該爲老譯師祝福，他一生爲法忘軀，已經爲我們展現了生命的莊嚴與價值了！

「老譯師往生之後，我就失去了赴藏弘法的重要法器，雖然跟失去舌頭一樣無奈，但因緣既是如此，我們應該打起精神堅持下去，並且爲他持誦佛號，祝福他早日乘願再來。」

聽著尊者沉痛的勸解，喜賽不但更加體會到這些出家僧人對弘法的承擔，示現生死關卡的老譯師，更給了他極大的啓發。

就在一個微風徐徐的早晨，只有佛號聲低吟地迴盪在山谷間，尊者以極莊嚴、隆重的儀式，爲老譯師點燃生命裡最後的一把火。那青綠、澄紅相間的火光，就像老譯師一生對佛法的付出，烈烈轟轟。大火過後，那逐漸熄滅的餘燼，把地上的石塊燒得溫溫熱熱的，又彷佛老譯師對藏人綿綿長長護惜的心。對迎請阿底峽尊者不遺餘力、甚至在印度羈旅多年的精進師子，就在示現重病之後，很快地圓寂了。

所幸接下來的旅途，他們一路上都遇到前來迎接的隊伍，大家不但護持、供養尊者，更沿途遵從他的教誨，在幾個重要的據點，一一建立起佛教寺院，把這條請法的路，布置得異常莊嚴；而學法心切的藏人，也一一向尊者請法，讓一邊前往古格王朝的尊者，在路上就已經不斷地進行著弘法的工作。

＊　＊　＊

西元一〇四二年（宋仁宗慶曆二年），尊者終於來到古格王朝。

當求法隊穿越崇山峻嶺，忍受漫長的跋涉之苦、無常多變的氣候條件之後，終於踏入了古格王朝。到了邊界，苦苦守在邊境等待的人群，遠遠看到尊者一行人前來，頂禮的隊伍拉得好長好長，也把通往王城的街道擠得水洩不通。

這群人有的爲了學法，有的純粹是好奇，更有因爲聽說迎請尊者是智光法王最大的心願而紛紛趕來的。大家都希望看看，這位讓智光法王犧牲生命的印度聖哲有什麼法寶？

而這支求法隊也因爲沿途弘法時，感動了各地小國的國王、貴族，諸多護持者紛紛加入行列，把原來的小隊伍擴充了好幾倍。尊貴的阿底峽尊者騎在高大的駿馬上，被邊境的跋薄王及諸多人等，像眾星拱月般，莊嚴、從容地進入古格王朝境內。

早已接獲消息的菩提光，也在王城的主寺托林寺做好準備。激動的菩提光拈起香，頻頻朝著空中向智光法王祝禱，迎請尊者的事終於圓滿達成。

而數百名引頸企盼的僧眾，也早早在廣場上結集完畢，在尊者到來之前，以雄渾的聲音，恭敬地誦念著「嗡嘛呢叭彌吽」的〈六字大明咒〉，整個托林寺的廣場上，籠罩著肅穆之美。金黃、棗紅相間的僧服，與金光閃耀的寺院屋瓦，構成一幅壯大、華麗的畫面。

王城附近街道上的法輪，更被興奮的人潮轉了又轉。就在隊伍進城的那一刻，數百個法輪一起被人群推轉起來，那倥隆倥隆的聲音，與僧眾們的持誦聲渾然地結合起來，壯闊的聲海就像海潮音一般，一波一波地湧向尊者。

在寶騎上的尊者，看著藏人對佛法厚實的渴求之心，不禁深受感動。他昂首看著那沒有流雲飄搖的澄藍色天際，暗暗告訴自己：「願意減壽二十年來此，看來是值得的；但是如果沒有辦法在藏地推行佛法，我將愧對大眾的護持，更無顏回去見超戒寺的長老們，也難向眾多師長交代呀！」

到了西藏以後，阿底峽尊者發現，由於受到苯教的影響，藏地學佛的人對一些密咒心法興趣極濃，反而對佛法的教理多所忽略。爲了讓正信的佛法能順利地傳揚，他選擇先以因果業報的觀念爲主，讓大家了解佛法的精神與意義。隨後，他又以授三皈依、發菩提心指導學法的人，希望對佛法做個正本清源的基本工夫，也希望爲以後的佛法弘傳扎下厚實的根柢。

而先前藏地佛法因爲被苯教所惑，出家眾們不知道持守戒律的重要性，因此斲傷了佛法的根脈，所以尊者也特別重視戒律的精神。

爲了闡明業果的觀念，尊者數次在對大眾開示時，講了幾個業果報應的故事。

「過去曾經有一位已經修持很好，可以親見本尊現身的瑜伽行者，爲了一

時的貪念，盜取了一點點僧團的資產，他以為不至於因為這點小事就墮入惡道。沒想到就因為這樣的因緣，他死後落入餓鬼道當中。」

「還有一位大寺院裡的執事，將僧團今天應該有的供養，改到明天去供養，結果第二天夜裡就直接墮生餓鬼道了。」

「另外一個例子，是一位僧團裡的上座比丘，他本來在僧團裡面極有勢力，只因為私用了僧眾的半升米，也落入餓鬼道中，並且成為一個沒什麼勢力的餓鬼，飽受欺凌。」

這一個個鮮明而直接的例證，不但讓西藏地區的人改變了當時的風氣，每日前來請法的人，更陸續從遙遠的街衢上頂禮而來；絡繹不絕的人潮，把寺前大街上的石子，磨得光亮亮的。

回到西藏之後，在尊者座下正式出家的喜賽，成為尊者的侍者，一襲黃紅相間的喇嘛僧服，穿在調皮機靈的喜賽身上，彷彿象徵著藏地佛法蓬勃的生機與朝氣。

喜賽看尊者師父每天這麼辛苦，心中非常不忍！他特地去見菩提光，希望

能找他商量個辦法，一來仍可以滿足求法者的願心，二來也能讓尊者有時間休息。

「法師，連著幾個月來，請法的人有增無減，我看尊者的身體恐怕吃不消呢！」喜賽憂心地說道。

「我也一直在擔心這件事，但是從你們把尊者請回這裡，沿途已經耗去了一年多。戒勝譯師掛念著『三年爲期』的承諾，算算也只剩下不到一年的時間，所以幾乎每天都開放請法。你也來想想有什麼辦法吧！」一直把三年期限掛在心頭的菩提光，一聽喜賽所說的話，也是深有同感。

「其實這幾個月來，我每日隨侍在側，發現來請法的大眾在意的問題相當類似，都是我們本地佛法施展不開的幾個重點，也是顯密爭持不下的主要原因，例如無法把握教理精神、對修行次第不了解等等。我想，是不是可以把這些問題整理好，就請尊者針對這些寫下範本？一來，其他人也可以代替說法；二來，當三年期滿，非要送走尊者時，我們以後也有個正法規範，可爲後世所依循。」

對這個辦法極爲讚賞的菩提光，當下就找來各寺院的主要負責人，要大家一同來商量，擬定幾個主要的問題，再祈請尊者賜法，寫下法本、儀軌❶。

「尊者，我們已經把大眾的問題整理好了，可否祈請您爲大家寫下正法？」菩提光特地拈香、祈請，向尊者奉上問題。

「喜賽，你就代菩提光把問題說給我聽，再請戒勝譯師在我寫下論典之後，翻譯成藏文。」尊者聽了這個方法，也覺得很好，所以迅即交代好工作，以這本書的撰述，列爲弘法工作的重點。

「尊者，大部分的人都對正法、邪法難以分辨，所以想知道怎麼樣可以得入正法？以及如何修行，才可以眞正得到解脫？然後是戒律的部分，發菩提心、受持菩薩律儀，對於修行的必要。接著是顯密的問題，大家想知道灌頂和密乘經典的關係，例如：如果沒有得到金剛阿闍黎的灌頂，可以講說密乘的經典嗎？還有，如果沒有得到灌頂，可以修密咒的法門嗎？」

尊者沉吟許久，仔細思考之後，發現在西藏這個向來以密法傳承爲主的地方，大家對於基本的顯教工夫顯然不是認識得很清楚，但卻急於用密法圓滿自己的福慧資糧。加上長久下來，正法又被苯教所惑，因此他決定先詳細解說修法次第，再談其他。

「喜賽，你記不記得我們在途中談到我出家因緣的那一段？」想到修行次第，尊者聯想到自己也曾經經歷過類似的苦惱。

「尊者說的是從發心法開始學，卻經過很久才興起慈悲心，確認自己要自度度人的過程嗎？」聽到尊者的發問，喜賽連忙回答。

經過這段時間的相處，喜賽慢慢成了尊者弘法的得力助手。他專門負責提出問題，因爲他剛剛入門，大眾會遇到的疑惑不解，他的體會最深。喜賽最常掛在嘴邊的一句話是：「如果我聽得懂，大概大家也懂了；如果我不了解，那八成大家都迷迷糊糊的。」

所以，每當尊者要回應大眾的問題，都會先讓喜賽模擬。因爲尊者知道，在藏地弘法，必須符合當地人的需要，更要從解決當地的問題入手；至於內容的難易度，也一定要循序漸進。這位大善巧的尊者，就以這樣的思維與講法精神，以及慈悲的方便法門，迅速得到了大家對他的信任與仰賴。

而那些對佛法已經修持一段日子的人，則是在與尊者仔細探討佛法的過程中，體會到尊者豐富的學養、深雋的智慧，所以無論從深或淺的需求接近尊者，都對尊者景仰不已。

「是的，其實如果從我自己的經歷來看，也是對修行次第掌握不好，所以之前的學習，只能成爲逐漸累積的資本，不能馬上得到成就。因此，針對那些問題，我想必須從顯密次第來談。」說到這裡，尊者留下喜賽隨侍，準備提筆寫下這本書。

＊　＊　＊

「法師，法師，書寫好了，剛剛出爐的！尊者說，因爲這本書談的是怎麼樣成就菩提道的方法，是一盞指引大家的燈，所以給它取名《菩提道燈》。」一拿到尊者寫好的書，喜賽興奮地端了出來。

很快地，《菩提道燈》就成了大家炙手可熱的修行法要。因爲慈悲的尊者從基礎的精神寫起，他提出了「三士道」的精神，把修行的次第畫分得很清楚，如果沒有經過下士道的修持，就不能跳到中士道；而中士道的次第，是上士道的基礎；對很多學法沒有信心的初階修行人來說，他們得到了很大的鼓舞。

在修行法門的次第上，尊者更清楚地點出「先顯後密」的順序，只有先發菩提心，然後受持菩薩戒、練習禪定，才能把修行的資糧累積足夠。

至於密乘的灌頂、密咒的修持，尊者不斷強調，如果沒有前面累積的工夫而直接從密乘下手，是很危險的。這本書流傳了一陣子之後，大家給尊者起了封號，就像他在印度一樣，有人尊他「頂莊嚴」，也有人稱他爲「笑勇金剛」，都是大家從尊者的表現與成就，自然引發的讚歎。

而不脫調皮搗蛋本色的喜賽，這會兒聽到外邊的傳言之後，興沖沖地就跑進來跟尊者報告。

「尊者！尊者！您知道嗎？我們這邊的人給了您好幾個封號，跟您在印度都不一樣呢！」

「喔！他們怎麼叫我？值得你這樣跑得喘噓噓的！」尊者憐惜地看著喜

賽，微微地笑了起來。

經過尊者一提醒，喜賽摸摸鼻子，笑著說：「有趣極了！他們都說阿底峽尊者是『三皈依者』、『業果者』和『菩提心者』呢！」

受到尊者的影響，藏人開始發現佛法當中，顯密應當並重，學法修行更應當依循次第。所以整個學法的氣氛，逐漸掃除顯密互相攻擊，動不動就想學習咒語的現象。

這本《菩提道燈》寫完之後，不但解決了當時西藏人修行上的諸多問題，更因此奠立了阿底峽尊者在西藏的地位，深深地影響著西藏人對佛法的認知與修持。

❖ 註釋 ❖

❶儀軌：記述儀式軌則的通稱，又稱為修行法、念誦法、供養法。

12

燈燃盡尊者圓寂

時間就在尊者講法、寫書、解惑的過程中，悄悄地從指隙間滑逝。就在大家學法的風氣逐漸轉好、佛法正蓬勃興盛的時機，三年的期限很快就到了。

尊者想到自己離開印度的時候，曾經答應上座的要求，以三年爲期留在西藏，現在已經滿三年了，心中不禁興起了回印度的念頭。

一天午後，尊者處理了寺裡的事務以後，突然感到非常的疲憊、倦怠，那種感覺是以前不曾有過的。而且一連幾天都有同樣的感受，他不禁想到，是不是超戒寺的僧眾正在惦念著要他回去呢？

而當初到印度迎請尊者的戒勝譯師，爲了履行諾言，決定陪著阿底峽尊者一起回到印度去。他們整理好行囊，就啓程返回印度。捨不得尊者離去的喜賽，決定繼續隨侍而去。

沒想到行經尼泊爾時，就遇到尼泊爾境內發生戰亂，大夥兒正在猶豫，尼泊爾地方的求法者聽聞消息，卻陸續趕來請法，一來懇切的心讓尊者不忍，二來也是到處烽煙，難以穿越，所以他們就暫時停留在當地。

沒想到這一停，足足就耽擱了兩年的時間。

路過布讓地區時，他們還遇到了遠從前藏地方前來，準備向尊者請法的仲敦巴。仲敦巴向尊者學法之後，不但對尊者感佩有加，更不斷說服尊者到前藏地區弘法。

「尊者，藏地佛法經過長期的傷害，我們都像處在黑暗的密室中，伸手不見五指，也沒有任何的光透得進來。自從尊者來到藏地，好不容易有了轉機。既然行程險阻，不如您與我們到前藏地方，讓更多的藏人得霑法益吧！」仲敦巴懇切地祈請尊者。這象徵的，不只是他個人的渴求，更是所有西藏人最大的期待。

一來返鄉行程受到阻難，二來也深感前藏地區對佛法的需求渴望，尊者決定改變路程，打消重返印度的念頭。他們一行人就從布讓出發，到達桑耶地區。

從西元一〇四五年到一〇五四年，尊者依仲敦巴的祈請，又在藏地弘法將近十年的時間，最後以高齡七十三，在西藏地區的聶塘圓寂了。法名吉祥燃燈智的阿底峽尊者，爲了西藏地區佛法的弘傳，寧願捨棄二十年的壽命，不遠千里來到西藏，更不斷著述、說法，輾轉多處，最後燃盡弘法的生命之燈，留下

許許多多寶貴的著作，成爲掃除西藏佛法黑暗期的中興人物，也開啓了藏傳佛教的許多傳承。

這位終生求法、護法的尊者，勞瘁奔波在學法、弘法的途中，成就的不只是一位王子出家的故事，更是荷擔如來家業的典範。

尊者在《菩提道燈》裡的三士道精神、顯密並修的次第、發菩提心的悲憫，影響了後世西藏的宗教改革家、黃教創始人宗喀巴大師。到現在，許多研習宗喀巴大師的重要著作《菩提道次第廣論》的修行者，對三士道的精神都不會感到陌生。

而從前藏來迎請尊者的仲敦巴，則是西藏地區追隨尊者時間最長的弟子，他不但到熱振興建了熱振寺，更傳承了尊者對戒律的持守精神，發展出新興宗派噶當派，這個教派後來對西藏地區各教派產生了深遠的影響。

例如白教達波噶舉的創始人岡波巴也是出身噶當，後又結合密勒日巴的教法，形成白教的修行體系。許多密教的傳承者，也都曾到熱振寺得到顯教的基礎訓練。

諸多對尊者的讚歎細數不盡，後世以「藏密第一中興人物」稱呼阿底峽尊者，正足以顯示尊者對藏地的貢獻，奠定了後代密藏教派傳承的地位。

雪鄉的佛法，就這樣從黑暗中萌生、發展；而阿底峽尊者，就是那一盞明亮的燈炬，他燃燒出的熾熱光芒，爲雪鄉照出一條久久遠遠的明路。

佛學視窗

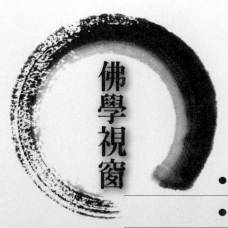

時代背景

阿底峽，燃燈吉祥智尊者，於西元九八二年（宋太宗太平興國七年），出生在東孟加拉一帶的超越城王宮內。一〇四二年到達西藏古格王朝的托林寺，於西元一〇五四年（宋仁宗至和元年）八月與世長辭。

阿底峽尊者出生前兩個世紀，一直到尊者覓師求法的階段（差不多是波羅王朝統治印度的期間），從印度到南洋的蘇門答臘、爪哇各島的大乘顯密教法已非常興盛。在此期間，孟加拉地區同時也存有一些信奉佛教的小國。阿底峽尊者的父親——善勝吉祥，正是這些小國中的一位國王。

印度佛教概況

印度佛教發展到第八世紀中葉，因爲受到崇信佛教的波羅王大力提倡與鼓勵，佛教在印度及今日的孟加拉等地極爲盛行。然而，此時的佛教已趨向流行以曼荼羅（結壇作法）、印契（結手印以祈請神佛本尊）、灌頂（由上師

以瓶水灌在弟子的頭頂上，以表示祝福；弟子則發願繼承佛的志向）、咒語（主要是在祈願時所唱誦的神祕章句，不能以一般語言來說明的特殊靈力祕密言辭）、畫符、密術等具有神祕思想的密乘道。主要的學術與弘法重心則集中在幾所佛教大寺，當時最重要的兩大學派為中觀與唯識宗。

此時主要的寺院除了著名的那爛陀寺（此寺是開創波羅王朝的瞿波羅王，在歐丹多補梨附近所興建的，是印度笈多王朝時的佛法重心）外，就屬達摩波羅王在摩揭陀北方恆河邊的一座小山頂上所興建的超戒寺（亦稱為摩底毘訶羅寺，周圍共建有一百零八座佛殿）。另外，達摩波羅王還興建了新蘇捕梨寺。

由於國王的護持，超戒寺建成了以後，逐漸取代那爛陀寺的地位，到十三世紀被毀為止，一直是全印度的佛教學術中心，培養無數的佛教人才。此外，超戒寺也稱得上是當時最著名的國際大學，許多西藏、蘇門答臘、爪哇、尼泊爾、中國等地的佛教學者，都千里跋涉來到此地求學。阿底峽尊者出家以後，也曾在此學習並曾擔任住持。

西藏後弘期的譯經師，大多出生於此，西藏當時所翻譯的經典，也大半是戒超寺裡知名學者的論著。

西藏佛教概況

西藏佛教自從朗達瑪王大肆毀滅佛教以後（西元八三八～八四二年），西藏的前弘期佛教受到極嚴重的破壞。佛寺不是被拆，便是封閉，僧團組織解體，經書被大量焚毀，翻譯及講學的活動幾乎完全停止。大約有一百年的時間，西藏佛教的情況極爲混亂，既缺乏完整的教理系統可依循，也沒有一貫的修行次第，重視密法者輕視顯教與經論，且不守戒規；而重視戒律者則毀謗密法，批評修密者。修學顯宗與密法者彼此攻擊、水火不容，史稱「滅法時期」。

到了西元十世紀後半，政治風波平息、社會安定以後，西藏佛教也獲得恢復的機運，開展了更有生氣的「後弘期佛教」。在後弘期西藏佛教的發展中，影響最大、貢獻最鉅的印度高僧中，首推阿底峽——燃燈吉祥智尊者。在阿底峽尊者抵達西藏之前，西藏的佛教在律宗及密宗方面，沒有一定的規範與準

則；尊者來到西藏以後，才有系統地將教理及修持規範化。由於尊者在西藏佛教史的突出地位，所以後來的藏人尊推他為「佛尊」。

阿底峽尊者之所以到西藏弘法，是因為這時期香雄地區的古格王朝，出現了一位崇信佛教的藏王，名叫智光。他耳聞阿底峽尊者的名聲，很想請他到古格傳法，可惜未能如願。後來，由他的姪子菩提光派遣比丘那錯．戒勝，攜帶重金去迎請尊者。尊者在請示了度母及經過一番思慮後，在西元一〇四〇年動身前往西藏，一〇四一年途經尼泊爾，一〇四二年到達古格王朝的托林寺。

阿底峽尊者的著作、思想與修持

阿底峽尊者的著作

阿底峽尊者在五十八歲時，被迎請到西藏弘法。在西藏，以他生命最後的十三年，藉著大量的著述、翻譯、講經和傳授密法的活動，將其畢生所學所證的精華，傾囊傳授給求法若渴的西藏人。他所著述的內容有顯教方面的作品及密教方面的論述；有佛學理論上的闡發，也有修行實踐方法的著作。在《西藏大藏經》中共收錄有一百一十七部他的作品，可見尊者著述之豐富與勤勉（這當中也許有些是托名僞造）。

而尊者著名的作品有：《般若心經注》、《入二諦》、《一念要訣》、《中觀要訣》、《中觀要訣開寶篋》、《經集攝義》、《菩薩行教授略要》、《菩提道燈》、《菩提道燈難處釋》、《集攝心要》、《精攝心要》、《行集燈》、《發心及律儀儀軌次第》、《金剛座金剛歌》、《吉祥喜金剛成就寶燈》、《吉祥祕密集會世自在成就法》、《聖觀自在成就法》、《閻魔敵寶生成就法》、《聖度母成就法》等。

我們從以上的書目可以看出，阿底峽尊者大部分的著作，與密教有密切關係。此外，尊者的著述中，屬於修行與儀軌的著作比談理論及思想的多，這可證明尊者是一位著重實踐的密教行者。

阿底峽尊者的思想與修持

阿底峽尊者雖然是以修持密法爲主，但是他卻具有相當深厚的顯教佛學基礎，他本人也強力主張修持大乘佛法要先顯後密。也就是修持大乘佛法，應該先皈依三寶、激發菩提心、學習顯教的理論，然後受菩薩戒、修習禪定，培養眞正的堅定能力，並積極地儲存成佛的資糧。

而必須注意的是：學者從學必須先求名師，依照師長的指導去身體力行，否則容易誤入歧途。接下來，要以中觀般若的思維方法抉擇諸法眞實性，破除自我的執著與障礙，並一步步斷除煩惱與所知障。此外，如果想要很快速地達到福慧圓滿的階段，那就應該趨入密乘，接受灌頂，並專心依照上師的指示努力用心地修行。這些主張，也正是尊者一生修、學、行持的歷程與寫照。

另外，由於尊者在他的著述中，一再強調「三皈依」（皈依佛、皈依法、皈依僧）、「業果」及「菩提心」的重要，所以在藏人的口中有「三皈依者」、「業果者」及「菩提心者」的雅號，這一點也可以看出尊者對修行的根本見解。

再者，當尊者在請示度母：「赴藏對西藏佛教是否有大利益？能否滿足藏王的心願？是否有喪命的危險？」度母在夢中指示尊者說：「赴藏對佛教有大利益，也能滿足藏王的心願，但壽命會減少二十年。」尊者心中所想到的只有廣大眾生的利益，不介意自己的壽命會減少，因而不顧自己已年邁衰老及長途跋涉的艱辛，堅定地出發到西藏弘法，由此可見尊者的毅力、願心與慈悲。

阿底峽尊者的貢獻與噶當派的影響

阿底峽尊者一生除了在印度的佛教中心——超戒寺擔任住持，負責培育後進及教學外，最大的貢獻就在於到西藏傳揚佛法。由於阿底峽尊者對西藏後弘期的佛教影響深遠，因此想要了解西藏後弘期佛教源流的人，不能不認識尊者。阿底峽尊者是十一世紀初印度超戒寺中著名的僧人，從他的生平及著述也可看出當時佛教的概況。

阿底峽尊者在西藏的十三年當中，他所教授的弟子無數，其中以仲敦巴大

師追隨的時間最久、所學最多。尊者逝世後，仲敦巴大師被邀請到熱振去傳教，並且在該地興建了熱振寺。此外，在仲敦巴大師和他的弟子努力下，逐漸發展出新興的噶當派（在藏文中，「噶」為佛所說的語言，「當」為教誡、教授；「噶當」兩字合起來，意指佛的一切言教）。

由於阿底峽尊者強調解行並重，進而明確地指出研讀經論的方向，因此他的弟子也都非常重視經論的講習。他甚至主張佛說的一切教典，是凡夫修行成佛的必要指南，都應該學習，不能偏廢。這一派的學人，因而獲得噶當派的美名。這種學風也多少促成西藏佛教各派重視教典的正面影響，例如重視教理的薩迦派及格魯派，就是很好的例證。

也由於阿底峽尊者的關係，噶當派既重視「觀」（教理），也重視「行」（實踐）。尊者在「觀」方面的代表作有：《入二諦》、《中觀要訣》；「行」方面的代表作有：《菩提道燈》、《集攝心要》、《精攝心要》等，為噶當派全部的教法，提供了概括性的依據。

而與阿底峽尊者關係密切的噶當派，對西藏佛教的其他教派也有極深遠的影響。例如噶舉派傳承的建立者岡波巴大師，原是噶當派出身；薩迦派二祖和寧瑪巴派高僧隆青饒降巴，都曾在噶當派的寺院修學；宗喀巴大師所創導的格魯派，亦泰半承襲自噶當派。噶當派在十一至十二世紀的兩百年中有極大的發展，並與地方勢力結合，曾形成相當具規模的寺院集團，僧徒人數也非常多，西藏佛教普遍受到噶當派教法的影響。

雖然噶當派現在已不存在，但是它對於西藏其他教派的貢獻之深遠，連帶今日的歐美及台灣的佛教界都受到影響。

阿底峽尊者與《菩提道燈》

阿底峽尊者的作品中，影響西藏佛教最大的，首推《菩提道燈》及《菩提道燈難處釋》，這兩部著作是尊者針對當時西藏佛教界的問題而寫的。經過弘傳以後，有效地整頓了後弘期西藏佛教混亂的教理及修行次第，使西藏佛教步上教理系統化與修持規模化的正軌。故而西藏佛教有關修習道次第的論著，大多以《菩提道燈》及《菩提道燈難處釋》為藍本。例如：噶當派卓龍巴的《教次第廣論》和《道次第廣論》；噶舉派岡波巴大師的《解脫莊嚴寶大乘菩提道次第論》；宗喀巴大師的《菩提道次第廣論》等，都是傳承自阿底峽尊者的系統。

《菩提道燈》中把眾生分為三類：第一類是「下士」，是指不求解脫，只希望這世能安樂，屬於修人天乘者；第二類是「中士」，是指自求解脫，但不想度化眾生，屬於修小乘者；第三類是「上士」，是指在自求解脫外，也發大心要救度眾生，屬於大乘行者。而針對眾生不同的根機，配合個人的程度而與這三士相應的修行次第，稱為「三士道」。

《菩提道燈》的最後部分是論述密宗的修行，它將密宗的經典劃分為：作部、行部、瑜伽部和無上部四部，指出修習的次第，為噶當派確立了思想的基礎，也確立了西藏佛教以實修為主的精神。

《菩提道燈難處釋》是阿底峽尊者親自為《菩提道燈》所作的註釋，對於《菩提道燈》義理不明的地方，都作了簡要的說明。書中除了提示戒、定、慧三學的各項修行要領外，更舉出一百多部與修持相關的重要經論，爲修學者指出研讀經論的方向，完善地結合教理與實踐。這一點，對西藏佛教日後解行並重的發展起了決定性的作用。

由於宗喀巴大師在《菩薩戒品菩提正道論》，曾數度引用阿底峽尊者在《菩提道燈難處釋．增上戒學》的說法，所以尊者有關戒律的看法，受到西藏學人極度的重視。而在慧學方面，因爲《菩提道燈難處釋》對月稱菩薩的中觀論著之推崇，引起西藏巴曹譯師等學者的注意，在巴曹譯師及其弟子長期對月稱菩薩著作的翻譯及講習下，月稱應成中觀派的學說逐漸獲得肯定與推崇；甚至因爲因明辯論術的提倡而獲得發展，在西藏大放光彩。而後來的宗喀巴大師更在這一基礎上，進一步發展出黃教獨創的修習體系。

阿底峽尊者年表

中國紀元	西元	年齡	阿底峽尊者記事	相關大事
宋太宗 太平興國七年	982	1	誕生於東孟加拉邦伽羅國的超越城，父親善勝王、母親吉祥光王妃，取名爲月藏。	
淳化三年	992	11	遇修學佛法的勝敵婆羅門，傳「發心法」，開始密法的修行。隨後前往那爛陀寺拜見菩提賢論師。	
淳化四年	993	12	依止阿縛都帝，勤學中觀諸法及聞思修三學，至十八歲。	高麗向契丹納貢。
宋眞宗 景德元年	1004	23	遇羅睺羅笈多，接受灌頂，並賜密乘，法號「智密金剛」。	宋遼結「澶淵之盟」。

大中祥符三年	1010	29	至超戒寺依戒護論師，正式出家，法名「燃燈吉祥智」。	越南李朝受宋封爲交趾郡王。
大中祥符五年	1012	31	依金洲大師學法，共十二年。	
宋仁宗 天聖三年	1025	44	擔任超戒寺住持，成爲印度知名的大學者。	
康定元年	1040	59	應藏王智光及菩提光之請，離開印度超戒寺前往西藏。	
慶曆二年	1042	61	抵達西藏，並著《菩提道燈》，譯爲藏文，凡三年。	
慶曆六年	1046	65	歸返印度途中經尼泊爾，因當地動亂，轉赴前藏地區弘法。	
慶曆七年	1047	66	抵桑耶寺，後前往聶塘。	

皇佑元年	1049	68	在拉薩及聶塘兩地，盡其生命最後階段，講經傳法。	
至和元年	1054	73	在聶塘圓寂。	

國家圖書館出版品預行編目資料

西藏密教之父：阿底峽尊者 / 辜琮瑜著；劉建志繪. -- 二版. -- 臺北市：法鼓文化, 2009.08
面； 公分

ISBN 978-957-598-474-8(平裝)

224.515 98011513

高僧小說系列精選 5

西藏密教之父——阿底峽尊者

法鼓文化

著者／辜琮瑜
繪者／劉建志
出版／法鼓文化
總監／釋果賢
總編輯／陳重光
編輯／李金瑛、李書儀
學佛視窗／朱秀容
封面設計／兩隻老虎廣告設計有限公司
內頁美編／連紫吟、曹任華
地址／臺北市北投區公館路186號5樓
電話／(02)2893-4646 傳真／(02)2896-0731
網址／http://www.ddc.com.tw
E-mail／market@ddc.com.tw
讀者服務專線／(02)2896-1600
初版一刷／1997年5月
二版四刷／2018年4月
建議售價／新臺幣170元
郵撥帳號／50013371
戶名／財團法人法鼓山文教基金會—法鼓文化
北美經銷處／紐約東初禪寺
Chan Meditation Center (New York, USA)
Tel／(718)592-6593 Fax／(718)592-0717